MW01118594

DICTIONNAIRE
BILINGUE
DE
L'INFOGRAPHIE

CHEZ LE MÊME ÉDITEUR

R. FISHER
DICTIONNAIRE INFORMATIQUE
Anglais-français
Français-anglais

R. FISHER
DICTIONNAIRE DES NOUVELLES TECHNOLOGIES
Télématique, Télécommunications, Systèmes vidéos, Robotique,
Intelligence Artificielle, Traduction automatique, Optique,
Holographie
Anglais-français

H. PIRAUX
DICTIONNAIRE DES TERMES RELATIFS A L'ELECTRONIQUE,
L'ELECTROTECHNIQUE, L'INFORMATIQUE ET AUX APPLICATIONS
CONNEXES
Anglais-français
Français-anglais

P. LABBE
QUARK-XPRESS 3.1

P. LABBE
ILLUSTRATOR 3.2 MACINTOSH

LIVRES ÉTRANGERS DIFFUSÉS PAR EYROLLES

R.T. STEVENS
FRACTAL PROGRAMMING IN TURBO PASCAL
M & T BOOKS

T. WEGNER, M. PETERSON
THE WAITE GROUP'S FRACTAL CREATIONS
WAITE GROUP PRESS

R.T. STEVENS
FRACTAL PROGRAMMING AND RAY TRACING WITH C++
M & T BOOKS

DICTIONNAIRE BILINGUE DE L'INFOGRAPHIE

anglais/français
français/anglais

Férid JEMAA
Collaborateur à l'Union internationale
des Télécommunications

EYROLLES

LES ÉDITIONS EYROLLES
**vous proposent
deux services gratuits**

---

1 - UN CATALOGUE COMPLET
de la discipline qui vous intéresse :

vous nous écrivez en nous précisant cette discipline et votre adresse

2 - UN SERVICE PERMANENT D'INFORMATIONS
sur nos nouvelles parutions :

vous retournez la carte postale que vous trouverez dans ce livre

ÉDITIONS EYROLLES - Service "Lecteurs"
61, Bld Saint Germain - 75240 Paris Cedex 05
Tél. : (1) 44.41.11.54.

En application de la loi du 11 mars 1957 (articles 40 et 41 ; Code pénal, article 425), il est interdit de reproduire intégralement ou partiellement le présent ouvrage, sur quelque support que ce soit, sans autorisation de l'Editeur ou du Centre Français d'exploitation du droit de Copie, 6 bis rue Gabriel Laumain, 75010 Paris.
© Editions Eyrolles 1992, ISBN 2-212-00810-4
Illustration de couverture :
© Silicon Graphics, Inc. Neufchâtel, Suisse (visage de femme et bouquet).
© Hewlett Packard, Genève, Suisse (intérieur de cathédrale et voiture).

Préface

L'infographie, l'image de synthèse et l'animation par ordinateur ont envahi depuis quelques années de très nombreux domaines. Des spécialistes aux usagers occasionnels, des professionnels aux amateurs, on ne compte plus les professions où l'image informatique a fait son apparition : ingénieurs, architectes, médecins, paysagistes, artistes, cinéastes, animateurs, physiciens, éducateurs, graphistes...

Pourtant, chacun à son niveau trouve des difficultés à parcourir les ouvrages de référence dans le domaine infographique, la documentation des stations graphiques ou les manuels des logiciels spécialisés. Car le vocabulaire de l'infographie constitue à présent une véritable langue à part, et il était grand temps qu'elle dispose d'un dictionnaire dédié.

C'est donc à un besoin réel que répond le lexique proposé par Férid Jemaa. Lorsque j'ai accepté de le réviser, j'ai tout de suite perçu l'utilité évidente d'un tel ouvrage, qui ne peut que laisser admiratif devant le travail immense réalisé pour rassembler l'ensemble des définitions relatives à ce nouveau domaine.

Je suis persuadé que le Dictionnaire de l'infographie de Férid Jemaa va aider dans leur travail de très nombreux amateurs et créateurs d'images informatiques, au même titre que les informaticiens et professionnels.

Daniel Thalmann
Professeur
Directeur du laboratoire d'Infographie
École Polytechnique Fédérale de Lausanne

AVANT-PROPOS

1. INTRODUCTION

L'infographie (informatique graphique) est l'ensemble des techniques et des méthodes permettant de produire des images au moyen d'ordinateurs en convertissant des données en information graphique. Le produit final de l'infographie est une image. Celle-ci peut être utilisée pour un large éventail d'applications : images médicales, images d'un film d'animation, dessin industriel, perspective d'architecture, scène de simulation, etc.

L'infographie, qui est en voie d'expansion rapide, est devenue ces dernières années une discipline majeure de l'informatique. Des progrès gigantesques ont été accomplis tant dans le domaine de l'architecture des stations de travail 3-D que dans le domaine applicatif pour le traitement de l'information graphique. Durant la décennie 1990, aucun ingénieur ou scientifique ne pourra se passer d'un minimum de familiarisation avec les principes de base de l'infographie. Aujourd'hui déjà, cette discipline touche d'une façon significative :

- la médecine (imagerie médicale, modélisation moléculaire)
- la cinétique chimique
- les industries du spectacle (cinéma, art, vidéo, fiction)

- la CAO
- la séismique
- la cartographie
- la météorologie
- l'architecture
- les environnements virtuels
- la dynamique des fluides
- la simulation par ordinateur
- etc.

Premier dictionnaire bilingue complet de l'infographie, cet ouvrage vise à fournir aux utilisateurs de l'infographie un instrument utile de travail et un ouvrage de référence. Il s'adresse non seulement aux terminologues, traducteurs, interprètes, rédacteurs mais aussi aux étudiants qui se spécialisent dans ce domaine et à tous ceux qui travaillent dans le domaine des images de synthèse et désireux de pratiquer leur profession en français.
C'est la première fois que l'élaboration d'un dictionnaire bilingue spécialisé dans la terminologie de l'image de synthèse est entreprise dans le monde francophone. Une place importante a été accordée aux publications d'organismes comme l'ISO, l'AFNOR. Le présent ouvrage ne s'inscrit pas pour autant dans une optique normative, comme en témoigne le nombre important de synonymes qu'il contient.

Ce dictionnaire intègre les termes relatifs à la représentation, au stockage et à l'affichage des images, aux techniques et méthodes d'adressage, à l'animation par ordinateur, à la réalité virtuelle, à la génération d'images de synthèse, aux transformations géométriques, à la visualisation en trois dimensions, à la modélisation, à l'éclairement et au lissage, au rendu réaliste des objets. L'ouvrage est rédigé à partir de mots et vocables choisis dans les sources les plus variées : ouvrages spécialisés en infographie, revues, brochures techniques, manuels d'utilisation, etc. L'auteur s'est attaché à inclure dans ce dictionnaire les termes relatifs aux dernières évolutions de l'imagerie de synthèse dans les domaines suivants : réalité virtuelle, génération de film par ordinateur (animation de personnages (acteurs de synthèse), animation comportementale), téléprésence et simulation, visualisation scientifique, etc.

2. L'UNITÉ TERMINOLOGIQUE

L'unité terminologique se compose des éléments ci-après :

a) Le terme anglais, en caractères gras, précédé du numéro de référence unique imprimé à gauche de la vedette anglaise. Ce terme peut être suivi d'une abréviation (un sigle ou un acronyme). Les termes et expressions synonymiques en anglais paraîtront entre deux crochets par ordre décroissant de fréquence d'utilisation. Les termes anglais sont écrits suivant l'orthographe prévalant aux Etats-Unis d'Amérique : colour — color, modelling — modeling, visualisation — visualization.

b) Le terme principal français apparaît au-dessous de la vedette anglaise et en retrait, suivi, s'il y a lieu, d'une abréviation sous forme de sigle ou d'acronyme. Lorsqu'il existe plusieurs équivalents (termes et expressions synonymiques ou variantes orthographiques), ceux-ci apparaissent sous la vedette française par ordre décroissant de fréquence d'utilisation. Les parenthèses que le lecteur rencontre à l'intérieur des termes français ont une valeur précise :

- dans certains termes, un ou plusieurs mots sont placés entre parenthèses : ils font partie intégrante du terme complet, mais peuvent être omis, par exemple :
langage graphique orienté (vers l') objet ;
- une autre fonction des parenthèses est d'enfermer des éléments facultatifs ou explicatifs qui ajoutent à l'équivalent du terme anglais un éclaircissement, par exemple :
vitesse maximale (de traçage) de la plume — facultatif
voxel (élément de volume) de fond — explicatif.

Aucune distinction n'est faite entre les termes à employer de préférence, néanmoins l'ordre dans lequel ils sont représentés fournit une indication quant aux préférences personnelles de l'auteur.

c) Une illustration est donnée dans la plupart des cas, à titre d'exemple, pour compléter le terme proposé. Elle est simplifiée pour montrer seulement les principes et elle n'est pas à l'échelle. Elle est destinée à faciliter la compréhension du terme. Il arrive qu'un seul et même dessin puisse, sans ambiguïté, illustrer deux ou trois termes distincts.

d) Après l'équivalent ou après l'illustration s'il y a lieu, figure un texte rédigé en français et imprimé en caractères fins, dans lequel on trouvera une ou plusieurs définitions (descriptions ou explications) du terme principal, des notes, des exemples ou des indications plus approfondies sur l'emploi ou le contexte dudit terme. Chaque fois qu'est utilisé un terme déjà défini dans le dictionnaire, il est imprimé en majuscules, renvoyant ainsi le lecteur à l'index français. Les termes de sens voisin du terme défini apparaissent en caractères majuscules et sont précédés du mot Voir.

3. REPRÉSENTATION DE L'UNITÉ TERMINOLOGIQUE

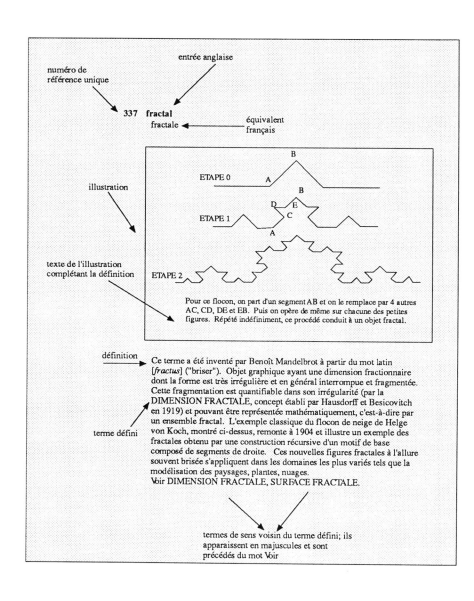

numéro de
référence unique

entrée anglaise

337 fractal
fractale ◄─── équivalent
français

illustration

ETAPE 0

ETAPE 1

texte de l'illustration
complétant la définition

ETAPE 2

Pour ce flocon, on part d'un segment AB et on le remplace par 4 autres AC, CD, DE et EB. Puis on opère de même sur chacune des petites figures. Répété indéfiniment, ce procédé conduit à un objet fractal.

définition

terme défini

Ce terme a été inventé par Benoît Mandelbrot à partir du mot latin [*fractus*] ("briser"). Objet graphique ayant une dimension fractionnaire dont la forme est très irrégulière et en général interrompue et fragmentée. Cette fragmentation est quantifiable dans son irrégularité (par la DIMENSION FRACTALE, concept établi par Hausdorff et Besicovitch en 1919) et pouvant être représentée mathématiquement, c'est-à-dire par un ensemble fractal. L'exemple classique du flocon de neige de Helge von Koch, montré ci-dessus, remonte à 1904 et illustre un exemple des fractales obtenu par une construction récursive d'un motif de base composé de segments de droite. Ces nouvelles figures fractales à l'allure souvent brisée s'appliquent dans les domaines les plus variés tels que la modélisation des paysages, plantes, nuages.
Voir DIMENSION FRACTALE, SURFACE FRACTALE.

termes de sens voisin du terme défini; ils
apparaissent en majuscules et sont
précédés du mot Voir

4. INDEX

À la fin de l'ouvrage figure un index français qui permet, par un numéro de référence unique imprimé à côté de chaque entrée principale et de chaque expression synonymique, de retrouver les équivalents du terme français.

5. ABRÉVIATIONS

Une liste de sigles et d'acronymes anglais, dont la prolifération est sans cesse croissante dans les documents anglais, figure à la fin de l'ouvrage.

6. LANGUE

Établir un dictionnaire technique bilingue n'est pas une tâche aisée d'autant plus que les ouvrages en français sur l'infographie ne sont pas nombreux. L'anglais a été choisi comme langue de base à l'élaboration de cet ouvrage étant donné que la majorité des sources bibiliographiques sont publiées dans cette langue. Nous pensons cependant qu'à mesure que le domaine de l'infographie se développera, nous aurons accès plus facilement à une documentation plus vaste nous permettant ainsi de mieux encore cerner la terminologie de l'infographie et d'enrichir la nomenclature que nous avons traitée. L'objectif principal de l'auteur est de contribuer à transmettre et à diffuser les connaissances de base de l'infographie au moyen de sa terminologie. L'enseignement, l'apprentissage, la diffusion auprès du grand public initié à l'informatique, les contributions techniques écrites en français entre spécialistes vivent de ce besoin en terminologie.

7. RÉFÉRENCES BIBLIOGRAPHIQUES

La démarche de l'auteur a consisté à regrouper et structurer un ensemble de termes et syntagmes propres à l'infographie. Ce travail a impliqué une fonction de recherche et d'inventaire du vocabulaire, c'est-à-dire, de repérer, d'analyser et au besoin de créer le vocabulaire nécessaire de façon à répondre aux besoins d'expression en langue française de l'utilisateur de l'infographie. Une liste bibliographique figure à la fin de l'ouvrage et elle énumère tous les ouvrages dont l'auteur a tiré parti directement ou indirectement au cours de l'élaboration du dictionnaire. Le lecteur pourra prolonger cette entrée en matière grâce à cette liste classée d'après le nom alphabétique des auteurs.

REMERCIEMENTS

Aucun ouvrage n'est jamais écrit sans l'assistance de nombreuses personnes. Je désire remercier toutes les personnes qui, de près ou de loin, m'ont aidé à élaborer cet ouvrage entamé en 1987.

En premier lieu, ma reconnaissance et mes remerciements vont à M. Daniel Thalmann, Professeur agrégé en informatique, docteur es-sciences en physique nucléaire et directeur du Laboratoire de l'infographie à l'École polytechnique fédérale de Lausanne (EPFL), qui a révisé cet ouvrage. Ses commentaires et sa rigueur m'ont guidé et aidé. Il a, en outre, attiré mon attention sur certaines omissions et imperfections qui m'avaient échappé.

J'exprime ma vive gratitude à Fernando Lagraña, ingénieur au CCITT, qui a relu cet ouvrage dans une perspective à la fois mathématique et scientifique.

Mes remerciements vont aussi à Mlle Tracy Lucas, qui m'a aidé au cours de l'élaboration de cet ouvrage par ses nombreuses remarques et suggestions qui ont contribué à réaliser un meilleur ouvrage.

J'exprime ma vive gratitude à M. Stephan Jean-Drevin professeur à l'Unité de synthèse et d'images numériques (USINE) à Lausanne, qui m'a fourni une documentation dense et riche sur les images de synthèse. Il m'a, en outre, présenté des démonstrations sur des stations de travail graphiques.

Je tiens à remercier Mme Inge König du centre d'information de l'ISO de m'avoir permis de consulter et d'étudier toutes les normes, projets de normes et documents temporaires ISO sur l'infographie.

Des remerciements spécifiques vont également à l'AFNOR (Paris) et INFOTERM à Vienne, qui m'ont fourni les documents souhaités tels que normes et projets de normes.

Je désire exprimer ma gratitude à M. Parkinson, docteur es-sciences en informatique, responsable pour l'Europe au centre de fabrication de Silicon Graphics à Neuchâtel, de m'avoir éclairé sur plusieurs points touchant à l'architecture des stations de travail graphiques ainsi qu'à MM. Cameron et Giannini, qui m'ont présenté en détail des applications scientifiques de visualisation sur des stations de travail.

J'exprime mes vifs remerciements à MM. K. El May et A. Pinto qui m'ont fourni des ouvrages et de la documentation sur les images de synthèse.

Des remerciements particuliers vont à Madame Nadia Thalmann, docteur ès Sciences en informatique et professeur à l'Université de Genève qui m'a permis de consulter les ouvrages techniques de la Bibliothèque de l'Université de Genève...

TABLE DES MATIÈRES

1 A-Buffer

A-Buffer

A-Buffer est un algorithme d'ÉLIMINATION DES PARTIES CACHÉES développé par Loren Carpenter. Cet algorithme permet de résoudre certains problèmes liés à l'ANTICRÉNELAGE, la TRANSPARENCE et l'INTERPÉNÉTRATION des OBJETs graphiques.

Voir ÉLIMINATION DES PARTIES CACHÉES, ANTICRÉNELAGE, TRANSPARENCE, INTERPÉNÉTRATION.

2 abscissa [x-axis]

abscisse

axe des x

Coordonnée horizontale qui sert à définir la position d'un point :
a) dans un plan avec l'ORDONNÉE, (coordonnée verticale) ;
b) dans un système à 3 dimensions avec l'ordonnée et la COTE.
Voir ORDONNÉE, COTE.

3 absolute command

commande absolue

Commande d'affichage utilisant des COORDONNÉEs ABSOLUEs.

4 absolute coordinate

coordonnée absolue

L'une des coordonnées déterminant la position d'un POINT ADRESSABLE par rapport à l'origine d'un système de coordonnées défini.
Voir POINT ADRESSABLE, VECTEUR ABSOLU, VECTEUR RELATIF.

5 absolute vector

vecteur absolu

Vecteur dont l'origine et l'extrémité sont déterminées par des COORDONNÉEs ABSOLUEs, c'est-à-dire par la position de ses points origine et extrémité par rapport à l'origine du système de coordonnées utilisé.
Voir VECTEUR RELATIF, COORDONNÉE ABSOLUE.

6 absorption

absorption (de la lumière)

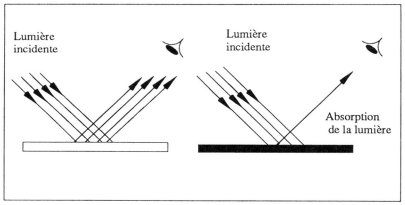

Phénomène par lequel l'énergie rayonnante est absorbée par sa transformation en une autre forme d'énergie par interaction avec la matière d'une surface, ce qui se traduit par la disparition apparente d'une partie de l'énergie incidente. Lorsqu'une surface absorbe une grande quantité de lumière, et n'en réfléchit que très peu, elle apparaît foncée.
Voir RÉFLEXION, RÉFLEXION SPÉCULAIRE, RÉFLEXION DIFFUSE, INTERACTIONS DE LA LUMIÈRE, LUMIÈRE INCIDENTE.

7 achromatic color

couleur achromatique
couleur sans tonalité chromatique

Couleur restituée à l'affichage dépourvue de teinte. Les dénominations blanc, gris et noir sont couramment utilisées ou, dans le cas d'objets transparents ou translucides, incolore et neutre.
Voir COULEUR CHROMATIQUE, LUMIÈRE ACHROMATIQUE, SATURATION.

8 achromatic light

lumière achromatique
lumière sans tonalité chromatique

Lumière restituée à l'affichage dépourvue de teinte.
Voir COULEUR ACHROMATIQUE, COULEUR CHROMATIQUE.

9 acoustic tablet

tablette acoustique

Tablette graphique qui sert à numériser des objets par la méthode acoustique. Son principe est le suivant : le STYLET émet un signal ultrasonore, qui se propage sous forme d'ondes sphériques. En utilisant des microphones linéaires, la position est déterminée simplement par l'intervalle de temps entre l'émission et la réception de la salve ultrasonore.

Note. — La tablette acoustique n'est plus très utilisée : elle est bruyante et sensible au bruit ambiant.
Voir TABLETTE GRAPHIQUE.

10 acute angle

angle aigu

Un angle aigu est un angle inférieur à 90 degrés.
Voir ANGLE OBTUS.

11 additive primary colors

couleurs primaires additives
synthèse additive trichrome

Système additif de mélange de couleurs. Le mélange deux à deux des trois couleurs primaires (rouge, vert et bleu) produit les couleurs secondaires cyan, jaune et magenta. Le mélange des trois couleurs rouge, vert et bleu produit la couleur blanche.

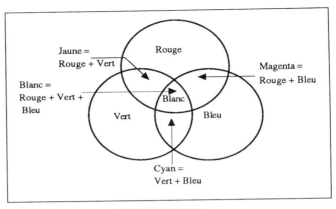

Voir COULEURS PRIMAIRES SOUSTRACTIVES.

12 address (to)

adresser (un point)

Définir les coordonnées d'un POINT sur une SURFACE D'AFFICHAGE.
Voir COORDONNÉE ABSOLUE, COORDONNÉE RELATIVE, POSITION ADRESSABLE, CAPACITÉ D'ADRESSAGE, VECTEUR RELATIF, VECTEUR ABSOLU.

13 addressability

capacité d'adressage

Nombre maximal des POSITIONs ADRESSABLEs d'un ESPACE D'APPAREIL.
Voir POSITION ADRESSABLE, COORDONNÉE RELATIVE, ESPACE D'APPAREIL, COORDONNÉE ABSOLUE, VECTEUR RELATIF, VECTEUR ABSOLU.

14 addressable point

position adressable

Tout point d'un ESPACE D'APPAREIL pouvant être déterminé par des coordonnées.
Voir ADRESSER, CAPACITÉ D'ADRESSAGE, COORDONNÉE ABSOLUE, COORDONNÉE RELATIVE, VECTEUR RELATIF, VECTEUR ABSOLU.

15 aiming symbol [aiming circle] [aiming field]

champ de visée

Cercle ou autre motif apparaissant à l'écran pour indiquer la zone dans laquelle la présence d'un PHOTOSTYLE peut être détectée. Le champ de visée est asservi aux déplacements du photostyle.
Voir PHOTOSTYLE.

16 albedo

albedo

Fraction de la lumière reçue que diffuse un OBJET graphique non lumineux.
Voir SOURCE RÉFLÉCHISSANTE DE LUMIÈRE.

17 algorithm

algorithme

Un algorithme consiste en la spécification d'un schéma de calcul, sous forme d'une suite d'opérations élémentaires obéissant à un enchaînement déterminé. L'objet de l'algorithmique est la conception, l'évaluation et l'optimisation des méthodes de calcul en mathématiques et en informatique. Ce terme d'algorithme tire son origine du nom du mathématicien arabe Al Khawarizmi (IXe siècle) dont le traité d'arithmétique servit à transmettre à l'Occident les règles de calcul sur la représentation décimale des nombres.

18 algorithmic animation

animation algorithmique

En animation par ordinateur, l'ANIMATION algorithmique correspond à une animation basée sur des lois généralement physiques. Faire varier le pendule d'une horloge de synthèse selon la loi physique d'un vrai pendule ou simuler la croissance d'une plante qui en même temps change de couleur sont deux exemples d'animation algorithmique.
Voir ANIMATION, ANIMATION IMAGE PAR IMAGE, ANIMATION PAR IMAGE CLÉS, ANIMATION PAR INTERPOLATION PARAMÉTRIQUE.

19 aliased line

ligne crénelée
segment crénelé

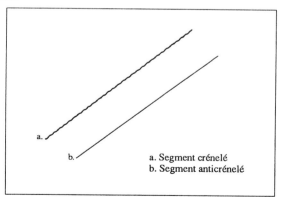

a. Segment crénelé
b. Segment anticrénelé

Voir CRÉNELAGE, ÉCHANTILLONNAGE.

20 aliasing
crénelage
aliasage

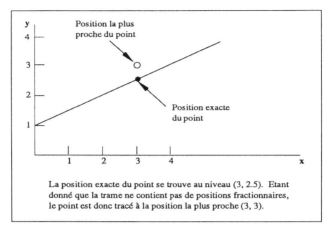

La position exacte du point se trouve au niveau (3, 2.5). Etant donné que la trame ne contient pas de positions fractionnaires, le point est donc tracé à la position la plus proche (3, 3).

Le crénelage est dû à la différence entre la position exacte d'un point et son tracé sur le point le plus proche de la trame.
Voir ANTICRÉNELAGE, ÉCHANTILLONNAGE.

21 all-points-addressable graphic (APA graphic)
graphique adressable en tous points

OBJET graphique dont toutes les coordonnées (ABSCISSE et ORDONNÉE) peuvent être repérées dans l'ESPACE D'APPAREIL par le SYSTÈME GRAPHIQUE.

22 ambient illumination
éclairement ambiant
Voir LUMIÈRE AMBIANTE, SOURCE DE LUMIÈRE AMBIANTE, COEFFICIENT DE LA LUMIÈRE AMBIANTE, COEFFICIENT DE LA RÉFLEXION AMBIANTE, RÉFLEXION AMBIANTE.

23 ambient light
lumière ambiante

Lumière répartie uniformément dans toutes les directions et qui baigne la scène graphique dans son ensemble. Tous les OBJETs de la scène sont éclairés d'une façon égale, sans tenir compte des obstacles éventuels. Elle est omni-directionnelle et constante en tous points de l'espace et ne dépend que de la nature des objets éclairés. Ce type de lumière est un artifice pour simuler les interréflexions diffuses

(voir RADIOSITÉ). Étant donné que cette lumière est insuffisante pour le réalisme d'une scène, le positionnement d'autres sources est nécessaire (par exemple : des projecteurs dont on paramètre la position, l'intensité, la couleur et la forme).
Voir SOURCE DE LUMIÈRE AMBIANTE, COEFFICIENT DE LA LUMIÈRE AMBIANTE, COEFFICIENT DE LA RÉFLEXION AMBIANTE, RÉFLEXION AMBIANTE, RADIOSITÉ.

24 ambient light coefficient
coefficient de la lumière ambiante

Indice qui détermine, dans une scène graphique, l'intensité de la LUMIÈRE AMBIANTE.
Voir COEFFICIENT DE LA RÉFLEXION AMBIANTE, LUMIÈRE AMBIANTE, SOURCE DE LUMIÈRE AMBIANTE, RÉFLEXION AMBIANTE.

25 ambient light source
source de lumière ambiante

Source lumineuse qui, dans une scène de synthèse, répartit la lumière uniformément dans toutes les directions. Tous les OBJETs sont éclairés d'une façon égale quelles que soient leur position ou leur orientation.
Voir LUMIÈRE AMBIANTE, COEFFICIENT DE LA LUMIÈRE AMBIANTE, COEFFICIENT DE LA RÉFLEXION AMBIANTE, RÉFLEXION AMBIANTE.

26 ambient reflection
réflexion ambiante

Réflexion d'une SOURCE DE LUMIÈRE AMBIANTE sur une surface graphique.
Voir LUMIÈRE AMBIANTE, SOURCE DE LUMIÈRE AMBIANTE, COEFFICIENT DE LA LUMIÈRE AMBIANTE, COEFFICIENT DE LA RÉFLEXION AMBIANTE.

27 ambient reflection coefficient
coefficient de la réflexion ambiante

Indice qui détermine, dans une scène graphique, la réflexion ambiante.
Voir LUMIÈRE AMBIANTE, SOURCE DE LUMIÈRE AMBIANTE, COEFFICIENT DE LA LUMIÈRE AMBIANTE, RÉFLEXION AMBIANTE.

28 angle of incidence
angle d'incidence

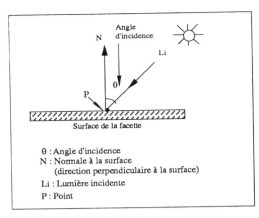

θ : Angle d'incidence
N : Normale à la surface
    (direction perpendiculaire à la surface)
Li : Lumière incidente
P : Point

L'angle d'incidence est l'angle θ compris entre la direction de la LUMIÈRE INCIDENTE Li et la normale N à la surface de la facette frappée par la lumière incidente au point d'incidence P du rayon lumineux Li. Dans le cas d'une surface réfléchissante, l'angle d'incidence est égal à l'ANGLE DE RÉFLEXION.

29 angle of reflection

angle de réflexion

L'angle de réflexion est l'angle compris entre la direction de la lumière réfléchie et la normale N à la surface de la facette frappée par la LUMIÈRE INCIDENTE au point d'incidence P du rayon lumineux. Pour une matière parfaitement réfléchissante, l'angle de réflexion est égal à l'ANGLE D'INCIDENCE.
Voir LUMIÈRE INCIDENTE, ANGLE D'INCIDENCE, ANGLE DE RÉFRACTION.

30 angle of refraction

angle de réfraction

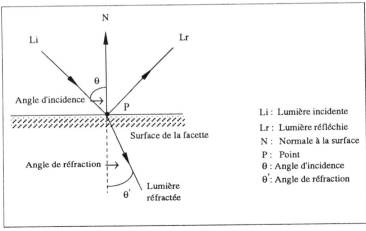

Li : Lumière incidente
Lr : Lumière réfléchie
N : Normale à la surface
P : Point
θ : Angle d'incidence
θ' : Angle de réfraction

L'angle de réfraction est l'angle compris entre la direction de la LUMIÈRE RÉFRACTÉE Lr et la normale N à la surface de la facette frappée par la LUMIÈRE INCIDENTE au point d'incidence P du rayon lumineux Li.
Voir LUMIÈRE RÉFRACTÉE, ANGLE D'INCIDENCE, LUMIÈRE INCIDENTE, ANGLE DE RÉFLEXION, INDICE DE RÉFRACTION, NORMALE À LA SURFACE, NORMALE À LA FACETTE.

31 animated facial expression
expression faciale animée
Voir ANIMATION FACIALE.

32 animated film
film d'animation

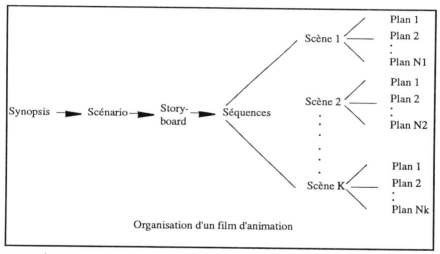

Organisation d'un film d'animation

Voir SCÉNARIO, STORYBOARD (conducteur visuel), SYNOPSIS.

33 animation
animation

Technique infographique consistant à produire par ordinateur une suite d'images à une cadence rapide pour simuler un mouvement ou une transformation à l'écran. On distingue trois principales méthodes d'animation par ordinateur :

1. ANIMATION PAR IMAGES CLÉS

2. ANIMATION PAR INTERPOLATION PARAMÉTRIQUE

3. ANIMATION ALGORITHMIQUE

34 anti-clockwise rotation [counterclockwise rotation]

rotation dans le sens contraire (des aiguilles) d'une montre

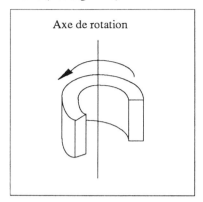

Axe de rotation

FONCTION GRAPHIQUE qui consiste à faire tourner dans le sens contraire des aiguilles d'une montre un OBJET graphique autour d'un AXE de référence de la SURFACE D'AFFICHAGE dont les coordonnées demeurent fixes.

35 antialiased image

image anticrénelée
image antialiasée
Voir CRÉNELAGE, ÉCHANTILLONNAGE, LIGNE CRÉNELÉE.

36 antialiasing

anticrénelage
antialiasage

La méthode d'anticrénelage consiste à représenter un segment ou un cercle continu et lisse sans les effets de marches d'escalier, à partir des valeurs discrètes de positionnement des points du tracé. Cette méthode de correction ou d'anticrénelage en infographie calcule les points intermédiaires pour lisser le tracé.
Voir ÉCHANTILLONNAGE, CRÉNELAGE, LIGNE CRÉNELÉE.

37 APA graphic (all-points-addressable graphic)

graphique adressable en tous points

OBJET graphique dont toutes les coordonnées (ABSCISSE et ORDONNÉE) peuvent être repérées dans l'ESPACE D'APPAREIL par le SYSTÈME GRAPHIQUE.

38 approximated curve

courbe d'approximation

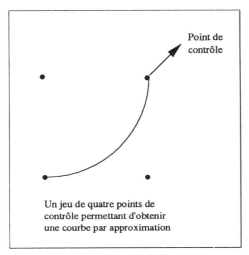

Point de
contrôle

Un jeu de quatre points de
contrôle permettant d'obtenir
une courbe par approximation

La courbe d'approximation est obtenue en passant le plus près des POINTS DE CONTRÔLE.
Voir COURBE D'INTERPOLATION.

39 approximated spline
spline d'approximation
Voir SPLINE, COURBE D'APPROXIMATION.

40 area filling
remplissage d'une surface

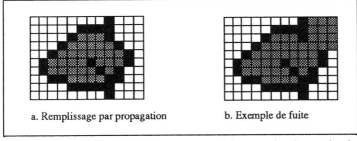

a. Remplissage par propagation   b. Exemple de fuite

Le remplissage d'après un contour existant se fait à partir d'un point intérieur à la surface délimitée par ce contour à la manière d'un liquide que l'on verse et qui se propage jusqu'à la rencontre d'un obstacle. Si le contour n'est pas exactement fermé (il suffit d'un PIXEL manquant), l'algorithme continuera le remplissage en traversant le contour par cette ouverture.

Voir ALGORITHME DE REMPLISSAGE PAR DIFFUSION, MOTIF DE REMPLISSAGE, REMPLISSAGE, STYLE DE REMPLISSAGE DU POLYGONE.

41 ascender [riser]

ascendante (d'un caractère)
hampe (d'un caractère)

Partie d'une lettre qui se trouve au-dessus de la LIGNE DE BASE d'écriture.

Exemple : t,u,n,i,s…
Voir DESCENDANTE, LIGNE DE BASE, LIGNE DE CRÊTE, CORPS DU CARACTÈRE, LIGNE DE MI-HAUTEUR.

42 aspect ratio

rapport des axes (d'un écran)
format d'image

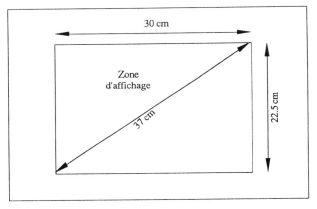

Le rapport des axes est le rapport largeur/hauteur de l'écran. La plupart des dispositifs de sortie graphique ont une zone d'affichage dont le rapport des axes est de 4/3. La figure ci-dessus représente un écran de 30 cm de large sur 22.5 cm de haut. Le rapport des axes est donc de 30/22,5 = 4/3. En général, la SURFACE D'AFFICHAGE n'est pas carrée, mais rectangulaire. L'apparence d'un point est un facteur important lié au rapport des axes. Pour qu'un cercle n'apparaisse pas en ellipse, l'unité de longueur sur les axes X et Y doit être la même. Si les définitions horizontale et verticale sont égales, le traçage sera plus aisé, et l'image obtenue plus esthétique.

43 automatic pen capping

rebouchage automatique de la plume (de traceur)

Fonction physique d'une TABLE TRAÇANTE qui assure la protection de la plume après le traçage grâce à un mécanisme spécial.
Voir LOGEMENT DE PLUME, TABLE TRAÇANTE.

44 axis

axe

1. Droite autour de laquelle tourne une figure pour engendrer un solide de révolution (axe de rotation, axe d'un cylindre, d'un cône, d'une sphère).
2. Axe de symétrie : droite par rapport à laquelle les points d'une figure sont 2 à 2 symétriques.
3. Axe des x, des y : couple de droites qui se coupent et constituent un système de coordonnées. L'axe des x est l'axe des ABSCISSEs, l'axe des y est l'axe des ORDONNÉEs. Le point d'intersection des droites est l'origine du système de COORDONNÉEs.
Voir COORDONNÉE, ABSCISSE, ORDONNÉE, COORDONNÉES CARTÉSIENNES.

45 b-rep, boundary representation

b-rep, représentation par les contours
Voir REPRÉSENTATION PAR LES CONTOURS.

46 β-spline [beta-spline]

β-spline
bêta-spline

Les courbes β-splines introduites par Barsky et Beatty en 1983 permettent, en plus du déplacement interactif des POINTS DE CONTRÔLE de la courbe, d'offrir les notions de tension et de biais pour un meilleur contrôle de l'allure de la courbe et un meilleur ajustement de sa forme. Le fait de ne pas avoir d'extrémités fixes limite leur usage dans la pratique.
Voir COURBE B-SPLINE, SPLINE, COURBE DE BÉZIER, SURFACE DE BÉZIER, SURFACE B-SPLINE.

47 B-spline curve

courbe B-spline

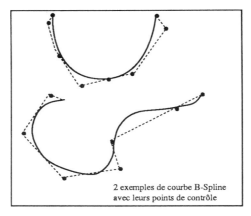

2 exemples de courbe B-Spline
avec leurs points de contrôle

Courbe générée à partir de points de contrôle. Le principal avantage des courbes B-splines est qu'un déplacement d'un POINT DE CONTRÔLE ne modifie l'allure de la courbe que localement, facilitant ainsi sa MODÉLISATION interactive. Elle se caractérise par sa souplesse au point de vue de sa capacité de modification locale.
Voir β-SPLINE, COURBE DE BÉZIER.

48 B-spline surface

surface B-spline

Surface paramétrique composée par des courbes B-splines. La surface B-spline se distingue par sa souplesse et sa capacité en matière de modification locale (la surface n'est modifiée qu'au voisinage du point de contrôle ajusté).
Voir COURBE B-SPLINE, SURFACE DE BÉZIER.

49 back clipping

plan arrière de découpage

Dans le DÉCOUPAGE par plans d'un VOLUME DE VUE, le plan arrière de découpage est situé à l'arrière du PLAN DE VUE par rapport au POINT DE RÉFÉRENCE DE VUE.
Voir PLAN AVANT DE DÉCOUPAGE, AVANT-PLAN, VOLUME DE VUE, PLAN DE VUE.

50 back lighting

éclairement en contre-jour

Dans une scène graphique, éclairement d'un OBJET recevant de la lumière en sens inverse de celui du regard.

51 back plane
arrière-plan

Plan parallèle au PLAN DE VUE dont la position est spécifiée comme une valeur de l'axe de la NORMALE au plan de vue dans le système de COORDONNÉES DE RÉFÉRENCE DE VUE. Les primitives se trouvant derrière ce plan sont à l'extérieur du VOLUME DE VUE.
Voir PLAN DE VUE, AVANT-PLAN, COORDONNÉES DE RÉFÉRENCE DE VUE, VOLUME DE VUE.

52 back view
vue arrière
Voir VUE.

53 back-face elimination
élimination des faces arrières

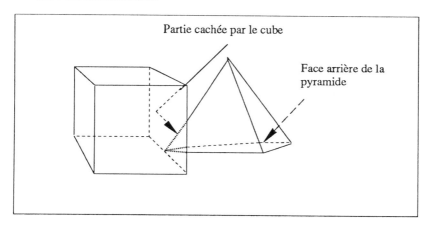

Les lignes composées de tirets représentent l'élimination des faces arrières, celles composées par des points sont supprimées uniquement par des algorithmes d'ÉLIMINATION DES PARTIES CACHÉES.

54 background luminance
luminance d'arrière-plan

Attribut d'une sensation visuelle selon lequel un OBJET graphique se trouvant à l'arrière-plan d'une scène paraît émettre plus ou moins de lumière. La luminance varie selon l'éclairement, les couleurs et la nature de la surface de l'objet.

55 background music
musique de fond
musique d'accompagnement

Musique accompagnant l'action d'un film d'animation.

56 backlighted
éclairé par l'arrière
Voir ÉCLAIREMENT EN CONTRE-JOUR.

57 backlighting effect
effet de contre-jour
Voir ÉCLAIREMENT EN CONTRE-JOUR.

58 bandwidth
bande passante (d'un écran)

La bande passante est une grandeur caractéristique de la qualité du tube cathodique. Elle correspond à la limite en fréquence du dispositif de modulation d'intensité du faisceau lumineux.

Exemple : un TUBE (À RAYONS) CATHODIQUE(S) d'un écran de télévision a une bande passante de l'ordre de 5 MHz permettant ainsi d'afficher environ 40 caractères sur une ligne alors qu'un tube cathodique d'un moniteur graphique doit avoir une bande passante supérieure à 15 MHz, correspondant à l'affichage d'au moins 80 caractères par ligne.

59 baseline
ligne de base
ligne normale d'écriture

Une ligne horizontale à l'intérieur du CORPS DU CARACTÈRE qui pour beaucoup de caractères est la limite inférieure. Une DESCENDANTE peut passer en dessous de cette ligne. Toutes les lignes de base d'une police occupent la même position dans les corps de caractère d'une même police.
Voir LIGNE DE CRÊTE, CORPS DU CARACTÈRE, DESCENDANTE, ASCENDANTE, LIGNE DE MI-HAUTEUR.

60 behavioural animation
animation comportementale

L'animation comportementale consiste à donner à un ACTEUR DE SYNTHÈSE une connaissance de son ENVIRONNEMENT VIRTUEL qui est le DECOR DE SYNTHÈSE et de le faire réagir à cet environnement sans intervention de l'animateur. Dans ce domaine, la seule recherche significative est de Craig Reynolds, qui a apporté une contribution comportementale dans l'animation en étudiant en détail le problème des trajectoires de groupes : vols d'oiseaux et bancs de poissons. Dans l'approche de Reynolds, chaque oiseau est responsable de sa propre trajectoire. L'avantage de l'animation comportementale est de fournir la possibilité à un animateur de diriger à l'écran des acteurs synthétiques évoluant dans des décors de synthèse sous les projecteurs et les CAMERAs virtuels. Une nouvelle ère s'ouvre pour la production des films de synthèse générés par ordinateur et produits dans un monde virtuel.
Voir ANIMATION, ACTEUR DE SYNTHÈSE, DÉCOR DE SYNTHÈSE.

61 beta-spline [β-spline]
bêta-spline
β-spline
Voir β-SPLINE.

62 Bézier curve
courbe de Bézier

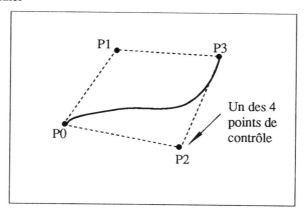

Les courbes de Bézier ont été utilisées en premier à la régie Renault depuis 1972 pour la conception des carrosseries d'automobiles et mises au point par Pierre Bézier. Elles sont basées sur une approximation polynomiale de courbes définies d'une façon paramétrique en chacun de leurs POINTS DE CONTRÔLE comme sommes pondérées des influences des points proches. Ces courbes sont simples à modéliser mais elles ne possèdent pas un contrôle local. Une modification d'un point de contrôle implique une modification de toute la courbe : on dit que le contrôle est global.

Voir SEGMENTS DE COURBE BÉZIER CONNECTÉS, SURFACE DE BÉZIER, SPLINE, COURBE B-SPLINE, β-SPLINE.

63 bézier surface patch

surface de Bézier
carreaux de Bézier

Comme les COURBES DE BÉZIER, les surfaces (ou carreaux) de Bézier nécessitent des POINTS DE CONTRÔLE pour déterminer la forme géométrique d'un OBJET. C'est une méthode d'approximation par carreaux, c'est-à-dire par des éléments de surface définis par quatre courbes mathématiques ; elle est fondée sur les propriétés des polynômes de Bernstein. Un carreau de Bézier passe toujours par ses quatre POINTS DE CONTRÔLE de coin. Les courbes de Bézier, mises au point par Pierre Bézier, ont été utilisées à la régie Renault pour la définition des carrosseries d'automobiles.

Voir COURBE DE BÉZIER, SEGMENTS DE COURBE BÉZIER CONNECTÉS.

64 bicubic surface

surface bicubique

65 binary

binaire

Qui présente deux états représentés par 0 et 1.
Voir BIT.

66 binary system

système binaire

Système de numération à base 2 utilisant les chiffres 0 et 1.
Voir BIT.

67 bit rate

débit binaire

Nombre maximal d'éléments BINAIREs d'information transférables par unité de temps sur une voie de transmission.
Voir BIT, BINAIRE.

68 bit [binary digit]

bit (élément binaire)

Un des chiffres dans la numération de base 2 sous forme de 0 ou 1 qui représente la plus petite unité d'information stockée dans une mémoire numérique.

69 bleeding

étalement (de la couleur)
propagation (de la couleur)

1. Si le contour d'un POLYGONE n'est pas exactement fermé, la couleur s'étale à la manière d'un liquide que l'on verse et qui se propage jusqu'à la rencontre d'un obstacle.

2. L'étalement de la couleur se produit aussi quand une surface colorée réfléchit la lumière diffuse à une autre surface située à sa proximité.

Voir REMPLISSAGE D'UNE SURFACE, ALGORITHME DE REMPLISSAGE PAR DIFFUSION.

70 blinking display

affichage clignotant

Modification volontaire et périodique de l'intensité d'un ou plusieurs ÉLÉMENTs GRAPHIQUEs résultant ainsi dans leur apparition/disparition afin d'attirer l'attention de l'utilisateur.

71 blurred image

image floue

Effet volontaire de flou artistique appliqué à une image de synthèse. Les OBJETs flous que l'on cherche le plus souvent à représenter en image de synthèse sont les nuages, le feu, la fumée et l'eau.

Voir EFFET DE BROUILLARD.

72 blurred [hazy] [fuzzy]

flou
Voir IMAGE FLOUE, FLOU DE MOUVEMENT.

73 body

corps

1. Partie matérielle des êtres de synthèse animés.
2. Corps d'un caractère d'imprimerie affichable à l'écran.

Voir ANIMATION DU CORPS.

74 body animation
animation du corps

L'animation de corps se fait à partir de l'ANIMATION PARAMÉTRIQUE PAR IMAGE CLÉ autant que l'animation des mains et l'animation faciale. L'animateur doit définir :

– le squelette de l'être de synthèse ayant des mouvements articulés où les ARTICULATIONs résultent d'un système de segments interdépendants. L'animateur fixe des valeurs clés aux angles prédéfinis pour décrire les mouvements souhaités. Les valeurs intermédiaires entre les valeurs clés sont calculées par INTERPOLATION.

Note. — L'animation du corps peut aussi se générer à partir des lois physiques basées sur la CINÉMATIQUE.
Voir ANIMATION PARAMÉTRIQUE PAR IMAGE CLÉ, ARTICULATION, INTERPOLATION, CINÉMATIQUE, IMAGE INTERMÉDIAIRE.

75 boolean operation
opération booléenne

Opération algébrique qui permet en infographie d'unir, d'intersecter et de soustraire des objets graphiques dans la phase de MODÉLISATION volumique.
Voir GÉOMÉTRIE SOLIDE CONSTRUCTIVE, SOLIDE, INTERSECTION, DIFFÉRENCE, UNION.

76 border color
couleur d'encadrement
Couleur du cadre d'une fenêtre.

77 border [boundary]
encadrement
contour
limite

Un trait généralement d'épaisseur uniforme qui encadre une fenêtre.

78 boundary
limite
contour
Voir ENCADREMENT.

79 boundary representation, b-rep

représentation par les contours (b-rep)

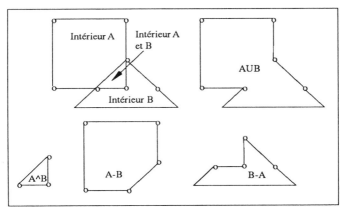

Méthode de MODÉLISATION volumique qui consiste à représenter les OBJETs selon leurs limites dans l'espace : chaque contour est une surface reliée par les ARÊTEs d'un contour adjacent. La figure représentée ci-dessus montre le fonctionnement d'un algorithme de fusion et de sélection des contours ainsi que la représentation par les contours utilisant les OPÉRATIONs BOOLÉENNEs. Cet algorithme s'avère très rapide quand il est implanté directement dans le matériel.
Voir GÉOMÉTRIE SOLIDE CONSTRUCTIVE, SOLIDE, UNION, INTERSECTION, DIFFÉRENCE, OPÉRATION BOOLÉENNE.

80 bounding Box

boîte englobante

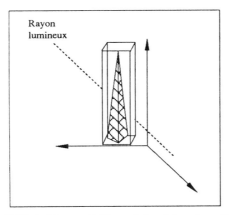

Le plus petit parallélépipède en 3 D englobant la géométrie d'un objet. Il est utilisé de la même manière que la SPHÈRE ENGLOBANTE. Lors de la phase

du rendu, on teste l'intersection du rayon lumineux avec la boîte englobante. Lorsqu'il y a intersection avec la boîte, il faut procéder à des tests complémentaires. Si, par contre, il n'y a pas de point d'intersection, le test de l'intersection de rayon sera ignoré. Le parallélépipède englobant n'est pas forcément adapté à tous les objets graphiques.
Voir SPHÈRE ENGLOBANTE, VOLUME ENGLOBANT.

81 bounding sphere

sphère englobante

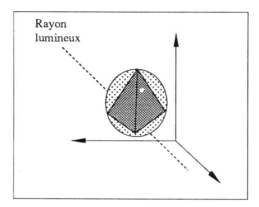

Le plus petit volume sphérique englobant la géométrie d'un objet. Il est utilisé de la même manière que la BOÎTE ENGLOBANTE. Lors de la phase du rendu, on teste l'intersection du rayon lumineux avec la sphère englobante. Lorsqu'il y a intersection avec la sphère, il faut procéder à des tests complémentaires. Si, par contre, il n'y a pas de point d'intersection, le test de l'intersection de rayon sera ignoré. Il est plus commode d'utiliser une sphère en tant que volume englobant qu'un parallélépipède, étant donné que la sphère peut contenir des objets de formes géométriques complexes.
Voir BOÎTE ENGLOBANTE, VOLUME ENGLOBANT.

82 bounding volume

volume englobant

Volume minimal en forme de parallélépipède en 3 D ou de sphère englobant la géométrie d'un objet. Un algorithme est utilisé lors de la phase du rendu pour tester l'intersection du rayon lumineux avec le volume englobant. Lorsqu'il y a intersection avec le volume, il faut procéder à des tests complémentaires. Si, par contre, il n'y a pas de point d'intersection, le test de l'intersection de rayon sera ignoré. Il est plus commode d'utiliser une sphère en tant que volume englobant

qu'un parallélépipède, étant donné que la sphère peut contenir des objets de formes géométriques complexes.
Voir BOÎTE ENGLOBANTE, SPHÈRE ENGLOBANTE.

83 breaking point
point de cassure

Point indiquant une rupture dans la continuité d'une courbe afin de créer un angle vif.

84 bright [luminous]
lumineux

Adjectif utilisé pour décrire des niveaux élevés de luminosité.

85 brightness
brillance

1. Éclat lumineux d'un OBJET graphique.

2. Quantité d'énergie lumineuse émise par un objet par unité de temps.
Voir LUMINANCE, LUMINOSITÉ.

86 bump mapping
placage de rugosité
texture par perturbation de la lumière
placage de relief

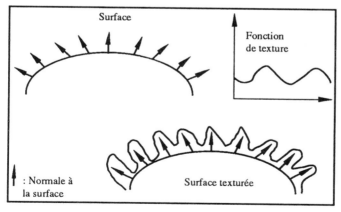

La méthode du placage de rugosité est une technique de TEXTURE par perturbation de la lumière proposée par James Blinn pour simuler une apparence de rugosité sur une surface graphique. Elle consiste à modifier aléatoirement la surface selon sa NORMALE (la lumière dépend de la normale) en chacun de ses points, créant ainsi des zones de lumière et d'ombre.

Note.— L'effet de relief est généralement obtenu par des SURFACEs FRACTALEs pour simuler une montagne, un paysage, etc.
Voir TEXTURE, PLACAGE DE TEXTURE, TEXTURE CALCULÉE, SURFACE FRACTALE.

87 byte [octet]

octet

Ensemble ordonné de huit éléments binaires traité comme un tout.

C

88 cache memory [cache buffer]

mémoire-cache
antémémoire

Mémoire de faible capacité et de court temps d'accès qui sert de mise en
mémoire tampon et qui contient la plupart des informations de façon à réduire le
temps de traitement.

89 CAD, computer-aided design

CAO, conception assistée par ordinateur

Ensemble des activités où l'informatique est utilisée dans le cadre des opérations
de développement et de conception. La création des données qui décrivent
l'objet à réaliser et la manipulation de ces données se font en mode conversationnel afin d'aboutir à la réalisation d'un produit.
Voir FAO, CFAO.

90 CAD/CAM, computer-aided design and manufactoring

CFAO, conception et fabrication assistées par ordinateur

La conception et la fabrication assistées par ordinateur comprennent l'enchaînement informatique de la CAO et de la FAO. La CFAO fait donc intervenir l'ordinateur depuis la conception jusqu'à la fabrication finale du produit.
Voir FAO, CAO.

91 calculated texture

texture calculée

Contrairement au PLACAGE DE TEXTURE, les textures calculées n'emploient pas de mappe (topographie de la mémoire). La texture est remplacée par un algorithme paramétrable qui simule la surface à obtenir. Du fait de leur caractère itératif, les textures calculées se prêtent surtout à la représentation de surfaces régulières (bois et marbre).
Voir TEXTURE, PLACAGE DE TEXTURE, PLACAGE DE RUGOSITÉ.

92 CAM, Computer-aided manufactoring

FAO, fabrication assistée par ordinateur

La fabrication assistée par ordinateur désigne l'ensemble des techniques permettant d'automatiser les différentes phases de la fabrication d'un produit, y compris la commande des machines et la surveillance du processus de fabrication.
Voir CAO, CFAO.

93 camera

caméra

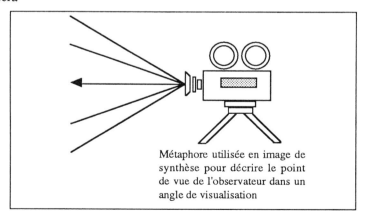

Métaphore utilisée en image de synthèse pour décrire le point de vue de l'observateur dans un angle de visualisation

La façon dont la scène graphique est perçue par un observateur est définie par le modèle simplifié de la vision qu'est la caméra virtuelle (créée par ordinateur). Les conditions d'observation sont définies par la position de la caméra

(POSITION DE L'ŒIL), la direction (le POINT DE MIRE), le pivotement de la caméra et l'ANGLE D'OUVERTURE. La caméra virtuelle affiche une vue bidimensionnelle d'une scène tridimensionnelle en effectuant toutes les transformations géométriques nécessaires à la conversion des points de l'espace tridimensionnel en points d'un plan d'image bidimensionnel.

Voir ANGLE D'OUVERTURE, ORIENTATION DE LA CAMÉRA, POSITION DE LA CAMÉRA, ANGLE DE LA CAMÉRA, GROS PLAN, PLAN EN PLONGÉE, PLAN EN CONTRE-PLONGÉE, EFFET DE PANORAMIQUE, FOCALISER, POINT DE MIRE, AXE DE VISÉE, POINT DE VUE.

94 camera angle

angle de la caméra

Angle qui définit la direction de la CAMÉRA virtuelle.
Voir CAMÉRA.

95 camera direction

orientation de la caméra

La direction de la CAMÉRA virtuelle est exprimée soit par le point qu'elle regarde, si elle est définie en mode mire, soit par des angles, si elle est définie en mode angle.
Voir CAMÉRA.

96 camera motion

mouvement de caméra
Voir CAMÉRA.

97 camera position

position de la caméra

La position de la CAMÉRA virtuelle est définie comme un point dans l'espace. Elle est attachée par défaut au repère absolu de la scène.
Voir CAMÉRA, POINT DE VUE.

98 camera spin

pivotement de la caméra
Voir AXE DE VISÉE, CAMÉRA.

99 camera view point

point de vue de la caméra

Le point de vue est le point d'intérêt déterminé par l'animateur vers qui la CAMÉRA virtuelle regarde.
Voir CAMÉRA.

100 candela, cd

candela, cd

Unité de mesure d'intensité lumineuse équivalent à l'INTENSITÉ DE LA LUMIÈRE, dans une direction donnée, d'une source qui émet un rayonnement monochromatique de fréquence 540.10 à la puissance 12 hertz, et dont l'intensité énergétique dans cette direction est 1 sur 683 watt par stéradian.
Voir INTENSITÉ DE LA LUMIÈRE.

101 cap (to)

(re)boucher (plume de traceur)
Voir REBOUCHAGE AUTOMATIQUE DE LA PLUME.

102 cap line

ligne de crête

Une ligne horizontale à l'intérieur du CORPS DU CARACTÈRE qui pour beaucoup de caractères est la limite supérieure. Une ASCENDANTE peut passer au-dessus de cette ligne et dans certaines langues une marque additionnelle (par exemple, un accent) peut être définie au-dessus de cette ligne. Toutes les lignes de crête d'une police se trouvent à la même position par rapport aux corps de caractère.
Voir ASCENDANTE, DESCENDANTE, CORPS DU CARACTÈRE, GÉNÉRATEUR DE CARACTÈRES, LIGNE DE BASE, LIGNE DE MI-HAUTEUR.

103 capping

rebouchage (de la plume de traceur)
capuchonnage (de la plume de traceur)
Voir REBOUCHAGE AUTOMATIQUE DE LA PLUME.

104 carousel [pen stall]

logement de plume

Dispositif équipant une TABLE TRAÇANTE et dans lequel les PLUMEs sont logées, repérées et choisies automatiquement lors du traçage.
Voir PLUME.

105 cartesian coordinates

coordonnées cartésiennes

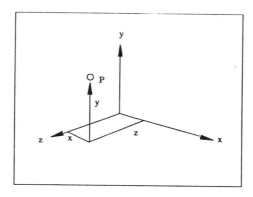

Les COORDONNÉEs cartésiennes ont été développées par le philosophe et mathématicien français René DESCARTES (1596-1650). Elles permettent de représenter un point dans un espace bidimensionnel ou tridimensionnel. Deux AXEs sont nécessaires pour un système de coordonnées à deux dimensions et trois axes pour représenter un point dans un système de coordonnées à trois dimensions. La coordonnée du cartésienne de ce point selon l'un des axes est la distance de la projection de ce point sur cet axe par rapport à l'origine. *Voir POINT.*

106 cast shadow

ombre portée

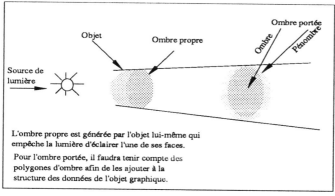

L'ombre propre est générée par l'objet lui-même qui empêche la lumière d'éclairer l'une de ses faces.

Pour l'ombre portée, il faudra tenir compte des polygones d'ombre afin de les ajouter à la structure des données de l'objet graphique.

Voir OMBRE, VOLUME D'OMBRE, OBJET CRÉATEUR D'OMBRE.

107 cathode ray tube, CRT

tube (à rayons) cathodique(s), TRC

Le tube à rayons cathodiques est composé de trois parties :

1. Le CANON À ÉLECTRONS : le faisceau électronique est le résultat d'une

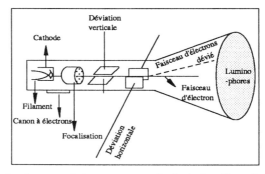

émission thermo-ionique produite par une cathode à chauffage indirect ;

2. le système de déviation du faisceau : des lentilles électrostatiques ou électro-magnétiques contrôlent la convergence du faisceau permettant ainsi de régler la taille du spot. Un dispositif de déviation horizontale et verticale commande l'orientation du faisceau ;

3. L'écran : les électrons bombardant l'écran excitent les POINTS LUMINO-PHORES qui en recouvrent la surface et dont la composition détermine la couleur et la durée de l'émission lumineuse.

Voir CANON À ÉLECTRONS, POINTS LUMINOPHORES.

108 cavalier perspective

perspective cavalière

La perspective cavalière d'un objet graphique est une projection oblique de cet objet sur le plan vertical de projection et parallèlement à une direction donnée. On peut envisager une infinité de perspectives cavalières différentes. La perspective cavalière réunit les avantages d'une projection régulière et d'une projection ortho-gonale. Elle permet d'obtenir une meilleure vue générale de l'objet à représenter.

Voir PROJECTION EN PERSPECTIVE.

109 center of projection [projection reference point (PRP)]

centre de projection

point de référence de projection, PRP

Un point dans l'espace des COORDONNÉES DE RÉFÉRENCE DE VUE qui détermine la direction des PROJECTEURS. Lorsque le type de projection est perspectif, tous les projecteurs convergent à ce point de référence. Celui-ci est placé à l'infini lorsqu'il s'agit d'une projection parallèle.

Voir PROJECTION, PROJECTION EN PERSPECTIVE, PROJECTION PARALLÈLE, PROJECTION ORTHOGONALE, PROJECTION OBLIQUE.

110 central processing unit, CPU

unité centrale, UC

Partie essentielle d'une station de travail graphique qui assure le traitement des informations en mémoire principale.

111 ceramic tip pen

plume à pointe céramique (d'un traceur)
Voir PLUME.

112 CGI

CGI

Sigle de Computer Graphics Interface qui définit un standard pour les dispositifs infographiques afin d'avoir une meilleure implantation de Système graphique de base (GKS).
Voir GKS.

113 CGM

CGM

Sigle de Computer Graphics Metafile. Spécification d'un mécanisme de stockage et de transfert d'informations de description d'images.
Voir GIF, IGES.

114 character array [character cell]

matrice de caractère

Tableau dans lequel les caractères sont disposés suivant des lignes et des colonnes.

115 character baseline

ligne de base de caractère
Voir LIGNE DE BASE.

116 character body

corps du caractère

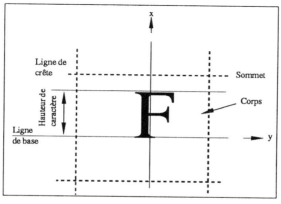

Un rectangle définissant les limites horizontales et verticales d'un caractère.
Voir LIGNE DE BASE, LIGNE DE CRÊTE, ASCENDANTE, DESCENDANTE, LIGNE DE MI-HAUTEUR.

117 character center line
axe vertical d'un caractère
médiane de segment de caractère

Une ligne verticale partageant en deux parties égales le corps d'un caractère.
Voir CORPS DU CARACTÈRE, LIGNE DE BASE, LIGNE DE CRÊTE, ASCENDANTE, DESCENDANTE, CHASSE DE CARACTÈRE, LIGNE DE MI-HAUTEUR.

118 character fade-in
apparition graduelle des caractères

Effet visuel d'animation dans lequel les caractères à 2 ou à 3 dimensions affichés à l'écran semblent apparaître graduellement.

119 character fade-out
disparition graduelle des caractères

Effet visuel d'animation dans lequel les caractères à 2 ou à 3 dimensions affichés à l'écran semblent disparaître graduellement.

120 character font
police de caractères

Ensemble de caractères et de symboles du même dessin typographique. Une police de caractères est définie par le style, la famille et les caractéristiques du caractère (graisse, corps, densité d'impression, espacement fixe ou proportionnel, etc.). Une police de caractères a une forme particulière des lettres, des chiffres, signes et symboles. Elle est une création artistique qui tente de faire coïncider la lisibilité avec l'esthétique et l'harmonie de l'ensemble.

Note.— Les polices de caractères peuvent être internes à l'imprimante, sur cartouches enfichables, ou logicielles.

121 character generator
générateur de caractères

Unité fonctionnelle qui, à partir de la combinaison de codes correspondant à un caractère alphanumérique ou à un symbole spécial, en fournit la représentation graphique à afficher ou à imprimer.

122 character width [character space]

chasse de caractère
largeur de caractère

Valeur de l'espace entre la limite gauche du blanc spécifique au caractère considéré et la limite droite après le blanc destiné à côtoyer le caractère suivant.

123 chroma [color saturation]

saturation de la couleur
chroma

Niveau de coloration d'une surface, évalué relativement à sa luminosité. La saturation mesure le degré de dilution de la couleur pure dans le blanc. Elle exprime le degré de différence entre la couleur observée et la COULEUR ACHROMATIQUE qui apparaît perpétuellement la plus proche.

124 chromatic color

couleur chromatique

Couleur restituée à l'affichage possédant une teinte. Le mot couleur est souvent utilisé dans ce sens, en opposition à blanc, gris ou noir. L'adjectif coloré se rapporte généralement à une couleur chromatique.
Voir COULEUR ACHROMATIQUE.

125 chrominance

chrominance

En télévision, partie du signal transportant les informations de couleurs des PIXELs successfis constituant l'image.
Voir LUMINANCE.

126 click (to)

cliquer

Appuyer et relâcher le bouton d'une SOURIS ou d'une BOULE DE COMMANDE pour sélectionner à l'écran une option indiquée par un POINTEUR.
Voir CLIQUER.

127 clip rectangle

rectangle de découpage
rectangle de délimitation

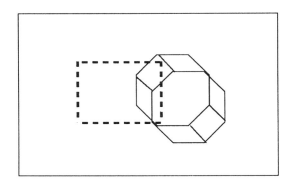

Rectangle normalement invisible utilisé comme frontière de DÉCOUPAGE lorsque des ÉLÉMENTs GRAPHIQUEs doivent être découpés. Il englobe l'OBJET graphique à découper et il apparaît lorsque cet objet (ou une partie de l'objet) est sélectionné.
Voir DÉCOUPAGE.

128 clipping
découpage
fenêtrage
détourage

Le découpage est un procédé d'extraction d'une portion d'image. Son utilisation la plus fréquente est la sélection dans une scène générale de l'information nécessaire à l'affichage d'une vue particulière. Le découpage permet la suppression des parties d'ÉLÉMENTs GRAPHIQUEs situées à l'extérieur d'une limite, habituellement une FENÊTRE ou une CLÔTURE. Les ALGORITHMEs DE DÉCOUPAGE sont à deux ou à trois dimensions. Ils peuvent être implantés dans le matériel ou par logiciel. L'inverse du découpage est le MASQUAGE, qui consiste à recouvrir les parties d'éléments graphiques situées à l'intérieur d'une limite donnée dans une zone d'écran.
Voir ALGORITHME DE DÉCOUPAGE, PLAN DE DÉCOUPAGE, DÉCOUPAGE DE SEGMENTS DE DROITE, ALGORITHME DE COHEN-SUTHERLAND, RECTANGLE DE DÉCOUPAGE, DÉCOUPAGE DE POLYGONE, FENÊTRE, CLÔTURE, MASQUAGE.

129 clipping algorithm
algorithme de découpage
algorithme de fenêtrage

Algorithme d'affichage graphique à deux ou à trois dimensions qui a pour objet de découvrir quelles sont les parties visibles d'une image à l'intérieur d'une fenêtre. Il peut être implanté dans le matériel ou par logiciel.
Voir DÉCOUPAGE, PLAN DE DÉCOUPAGE, DÉCOUPAGE DE SEGMENTS DE DROITE, ALGORITHME DE COHEN-SUTHERLAND, RECTANGLE DE DÉCOUPAGE, DÉCOUPAGE DE POLYGONE.

130 clipping function
fonction de découpage

FONCTION GRAPHIQUE qui permet d'extraire une portion d'une image pour être traitée et affichée par la suite.
Voir DÉCOUPAGE.

131 clipping plane
plan de découpage

Face qui, dans une scène graphique à trois dimensions, détermine la limite du volume de vue dans les transformations visuelles.
Voir DÉCOUPAGE, ALGORITHME DE DÉCOUPAGE, DÉCOUPAGE DE SEGMENTS DE DROITE, ALGORITHME DE COHEN-SUTHERLAND, RECTANGLE DE DÉCOUPAGE, DÉCOUPAGE DE POLYGONE.

132 clipping volume
volume de découpage
Voir PLAN DE DÉCOUPAGE.

133 clockwise rotation
rotation dans le sens (des aiguilles) d'une montre

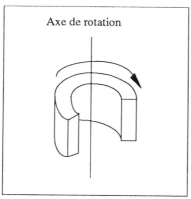

FONCTION GRAPHIQUE qui consiste à faire tourner dans le sens des aiguilles d'une montre un OBJET graphique autour d'un AXE de référence de la SURFACE D'AFFICHAGE dont les coordonnées demeurent fixes.
Voir ROTATION DANS LE SENS CONTRAIRE (DES AIGUILLES) D'UNE MONTRE.

134 close-up [close shot]
gros plan
plan rapproché

Effet produit par la CAMÉRA virtuelle qui permet par une variation de la focale un rapprochement de la scène de synthèse.
Voir CAMÉRA.

135 CMY color model
modèle de couleurs CMJ

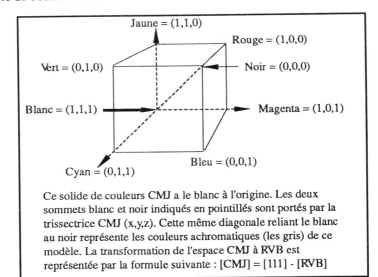

Ce solide de couleurs CMJ a le blanc à l'origine. Les deux sommets blanc et noir indiqués en pointillés sont portés par la trissectrice CMJ (x,y,z). Cette même diagonale reliant le blanc au noir représente les couleurs achromatiques (les gris) de ce modèle. La transformation de l'espace CMJ à RVB est représentée par la formule suivante : [CMJ] = [111] - [RVB]

Le modèle de couleurs Cyan, Magenta, Jaune (CMJ) permet la représentation dans l'espace des couleurs primaires soustractives : cyan, magenta et jaune. Les espaces CMJ sont représentés par un cube des couleurs en trois dimensions comme illustré sur la figure ci-dessus. Le mode CMJ est utilisé par opposition au mode de composition basé sur le principe des couleurs additives (RVB).
Voir MODÈLE DE COULEURS RVB, SYSTÈME DE COULEURS DE MUNSELL, SYSTÈME DE COULEURS D'OSTWALD, HLS, COULEURS PRIMAIRES SOUSTRACTIVES, COULEURS PRIMAIRES ADDITIVES.

136 coded image

image codée

Représentation d'une image sous une forme permettant son enregistrement en mémoire et son traitement par ordinateur.

137 coefficient of luminous intensity

coefficient de l'intensité lumineuse

Indice qui détermine, dans une scène graphique, l'intensité de la lumière.

Note. — L'indice de l'intensité lumineuse varie selon que la lumière est ambiante, concentrée, spéculaire, etc.

138 Cohen-Sutherland algorithm

algorithme de Cohen-Sutherland

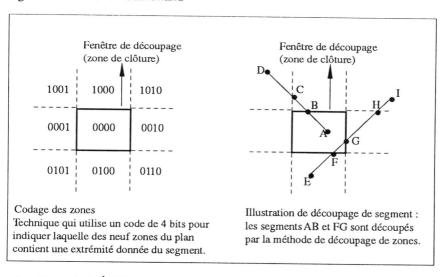

Codage des zones
Technique qui utilise un code de 4 bits pour indiquer laquelle des neuf zones du plan contient une extrémité donnée du segment.

Illustration de découpage de segment : les segments AB et FG sont découpés par la méthode de découpage de zones.

Algorithme de DÉCOUPAGE de segments de droite développé par D. Cohen et I. Sutherland. Il divise l'espace bidimensionnel en neuf zones (3 x 3) afin de déterminer dans quelles zones se trouvent les extrémités du segment. Dans le cas où les deux extrémités du segment font partie de la même zone (en dehors de la zone de clôture), le segment est alors extérieur, de même si ces deux extrémités appartiennent à deux zones voisines. Avec le codage des zones, il est facile d'identifier les segments nécessitant un DÉCOUPAGE. Cette technique peut également être utilisée pour le Découpage à trois dimensions.
Voir DÉCOUPAGE.

139 color
couleur

Caractère d'une lumière, de la surface d'un objet quelle que soit sa forme, selon l'impression visuelle particulière qu'elle produit. La sensation de la couleur est fonction des propriétés physiques de la lumière (longueur d'onde) et de sa DIFFUSION, RÉFLEXION et ABSORPTION.

140 color balance
équilibre colorimétrique

141 color bleeding
étalement de la couleur

L'étalement de la couleur se produit quand une surface colorée ayant des propriétés diffusantes réfléchit la lumière diffuse sur une autre surface située à sa proximité.

142 color code
code des couleurs

Code de couleur	Valeurs de couleur mises en mémoire d'image			Couleur affichée
	Rouge	Vert	Bleu	
0	0	0	0	Noir
1	0	0	1	Bleu
2	0	1	0	Vert
3	0	1	1	Cyan
4	1	0	0	Rouge
5	1	0	1	Magenta
6	1	1	0	Jaune
7	1	1	1	Blanc

Table dont chaque entrée définit une couleur particulière à l'aide de valeurs des intensités de rouge, vert et bleu (RVB). Les huit couleurs (avec leurs codes binaires correspondants) indiquées dans la figure sont obtenues par la combinaison des 3 couleurs primaires RVB. Le code de couleur spécifique avec sa valeur binaire sert à afficher la couleur correspondante.

Note. — Il est possible d'améliorer le choix en couleurs en utilisant une TABLE DE FAUSSES COULEURS.

143 color contrast
contraste des couleurs

Notion de teintes plus ou moins vivement opposées l'une à l'autre.

144 color gradation
dégradé de couleurs

Modification progressive d'une couleur ou variation graduelle de l'intensité lumineuse d'un OBJET graphique.

145 color graphics screen
écran graphique couleur

Il faut distinguer le nombre de couleurs disponibles et le nombre de couleurs affichables simultanément sur un écran couleur. Le nombre de couleurs disponibles simultanément sur l'écran dépend de la capacité de mémorisation existante, les valeurs courantes étant de 16, 256, 1024 et 16 millions de couleurs. En utilisant une TABLE DE FAUSSES COULEURS, on peut choisir les couleurs disponibles dans une palette plus large, par exemple 512, 4096, 16 millions ou 1 milliard de teintes.

146 color ink jet printer
imprimante couleur à jet d'encre

Cette imprimante possède en principe une tête comprenant quatre dispositifs d'impression, un pour chacune des couleurs jaune, magenta et cyan et un pour le noir. Le noir est nécessaire, car la combinaison des trois autres couleurs ne produit qu'un gris foncé. Chaque dispositif d'impression contient quatre jets correspondant à quatre lignes successives sur le papier.
Voir IMPRIMANTE À JET D'ENCRE, IMPRIMANTE À LASER.

147 color interpolation shading [gouraud shading] [intensity interpolation shading]
lissage par interpolation de la couleur
lissage de Gouraud
lissage par interpolation bilinéaire
Voir LISSAGE DE GOURAUD.

148 color look-up table
table de fausses couleurs

Table dont chaque entrée définit une couleur particulière à l'aide de valeurs des intensités de rouge, vert et bleu. Par exemple avec 8 bits, on peut former 256 numéros (2 à la puissance 8) que l'on associe à 256 couleurs choisies dans une palette.

Note. — Avec un convertisseur numérique-analogique de 8 bits, on peut disposer de 16 millions de teintes (2 à la puissance de 8 = 256 nuances ou intensités de rouge, de vert ou de bleu) ; leur combinaison peut donner donc 16 777 216 (soit 256 à la puissance 3). Cette gamme de teintes nécessite 24 plans mémoires sans la table de fausses couleurs.

149 color matching
assortiment des couleurs
harmonisation des couleurs
égalisation des couleurs

150 color plotter
traceur couleur

Traceur pouvant produire des tracés et des dessins en couleurs sur support papier.
Voir TRACEUR À ROULEAU, TRACEUR ELECTROSTATIQUE, TABLE TRAÇANTE.

151 color saturation [chroma]
saturation de la couleur
chroma

Niveau de coloration d'une surface, évalué relativement à sa luminosité. La saturation mesure le degré de dilution de la couleur pure dans le blanc. Elle exprime le degré de différence entre la couleur observée et la COULEUR ACHROMATIQUE qui apparaît perpétuellement la plus proche.

152 color screen [color monitor]
écran couleur
moniteur couleur
Voir ÉCRAN GRAPHIQUE COULEUR.

153 color selection mode
mode de sélection de la couleur

Indicateur qui précise si la sélection de la couleur doit être directe (en spécifiant les valeurs Rouge, Vert et Bleu) ou indexée (en spécifiant un index dans une table de valeurs RVB).
Voir COULEUR DIRECTE, TABLE DE COULEURS, MODÈLE DE COULEURS RVB.

154 color sensitivity
sensibilité chromatique

155 color sequence
ordre de passage des couleurs

156 color shade [hue]
nuance de couleur
teinte
tonalité chromatique
Voir TEINTE.

157 colored light source
source lumineuse colorée

La couleur et l'intensité de chaque source de lumière synthétique sont définies par la synthèse additive des couleurs rouge, vert et bleu (RVB).
Voir COULEURS PRIMAIRES ADDITIVES.

158 colorfulness
niveau de coloration

Attribut d'une sensation visuelle selon lequel une surface paraît présenter une couleur perçue plus ou moins chromatique.

Note. — Pour une chromaticité donnée et un facteur de luminance donné, le niveau de coloration augmente lorsque la luminance est accrue sauf si la luminosité est déjà très élevée.

159 colorimetry
colorimétrie

La colorimétrie est la technique de mesure des couleurs. Elle a pour objectif essentiel de permettre la reproduction, avec une précision suffisante, de la couleur d'un objet ou d'une image.

160 compact (to) [compress (to)] [pack (to)]

comprimer (une image)
condenser
Voir COMPRESSION.

161 complementary color

couleur complémentaire
couleur secondaire
*Voir COULEURS PRIMAIRES SOUSTRACTIVES, COULEURS PRIMAIRES
ADDITIVES.*

162 complete diffusion

diffusion totale (de la lumière)
Voir DIFFUSION.

163 compress (to) [compact (to)] [pack (to)]

comprimer (une image)
condenser
Voir COMPRESSION.

164 compression

compression

Opération qui consiste à réduire le volume de la chaîne de bits d'une image. Elle est comprimée par des procédés de codage sans perte d'information afin d'améliorer l'occupation mémoire et/ou la vitesse de transmission. La restitution de l'image à l'écran requiert une décompression (reconstitution de la chaîne de bits d'origine).

Note. — Le TAUX DE COMPRESSION est le rapport entre le nombre de bits avant et après compression.

165 compression rate

taux de compression

Le taux de compression d'une image est le rapport entre le nombre de bits avant et après compression de l'image.
Voir COMPRESSION.

166 computer animation

animation par ordinateur
Voir ANIMATION.

167 computer graphics

infographie (informatique graphique)

Néologisme formé par deux mots : informatique et graphique. L'infographie est l'ensemble des techniques et des méthodes permettant de produire des images au moyen d'ordinateurs en convertissant des données numériques en information graphique. Le produit final de l'infographie est une image. Celle-ci peut être utilisée pour un large éventail d'applications : un dessin industriel, une perspective d'architecture, des images d'un film d'animation, une scène de simulation, des images médicales, etc.

Note. — Le modèle permettant de produire l'image peut être bidimensionnel ou tridimensionnel.
Voir INFOGRAPHIE INTERACTIVE.

168 computer simulation

simulation par ordinateur
Voir SIMULER.

169 computer vision

vision par ordinateur

La vision par ordinateur permet de traiter et de reconnaître les objets de notre environnement réel. Elle est particulièrement utilisée dans la robotique où l'ordinateur est nécessaire pour interpréter les scènes tridimensionnelles pour le contrôle des machines.

170 computer-aided design and manufactoring, CAD/CAM

conception et fabrication assistées par ordinateur, CFAO
Voir CFAO.

171 computer-aided design, CAD

conception assistée par ordinateur, CAO
Voir CAO.

172 computer-aided manufactoring, CAM

fabrication assistée par ordinateur, FAO
Voir FAO.

173 computer-generated animation

animation générée par ordinateur

174 concave facet

facette concave
Facette présentant une surface courbe en creux.

175 concave polygon

polygone concave
Voir POLYGONE, POLYGONE CONVEXE.

176 concave surface

surface concave
Surface courbe en creux.

177 concavity

concavité

État d'un objet ou d'une SURFACE CONCAVE.
Voir SURFACE CONCAVE.

178 conic section

section conique
conique

Intersection d'un cône et d'un plan. Les trois types de conique sont l'ellipse, la parabole et l'hyperbole.

179 constant shading [polygonal shading] [flat shading] [faceted shading]

lissage constant
lissage polygonal
lissage uniforme
Voir LISSAGE POLYGONAL, LISSAGE, LISSAGE DE GOURAUD, LISSAGE DE PHONG.

180 constructive solid geometry, CSG

géométrie solide constructive, GSC

Méthode dans laquelle les objets solides tridimensionnels sont représentés comme des combinaisons booléennes (UNION, INTERSECTION et DIFFÉRENCE) d'un ensemble limité de composants primitifs. L'idée de base est de considérer que tout objet complexe peut être obtenu par assemblage d'objets géométriques simples à trois dimensions.
Voir UNION, INTERSECTION, DIFFÉRENCE, OPÉRATION BOOLÉENNE.

181 contrast

contraste

Évaluation de la différence d'aspect des images affichées à l'écran (d'où contraste de luminosité, contraste de clarté, contraste de couleur, etc.).

182 control point

point de contrôle

Les surfaces et courbes Bézier et B-splines sont déterminées par une suite de points de contrôle qui guideront la géométrie de la forme de l'objet à modéliser.

Note. — Les points de contrôle modifient localement ou globalement une courbe en fonction de son type.
Voir COURBE DE BÉZIER, SPLINE, B-SPLINE, β-SPLINE, COURBE D'INTERPOLATION.

183 convex

convexe

184 convex facet

facette convexe

185 convex polygon

polygone convexe

Polygone dont l'un quelconque des côtés, prolongé indéfiniment, laisse toute la figure du même côté. Un polygone concave est un polygone qui n'a pas cette propriété.
Voir POLYGONE, POLYÈDRE, SURFACE CONCAVE.

186 convex surface

surface convexe

Surface courbée en dehors et située tout entière du même côté d'un plan tangent.

187 convexity

convexité

État d'un objet ou d'une surface convexe.

188 coordinate graphics

infographie par coordonnées

Infographie où une image est produite à partir de commandes d'affichage et de coordonnées.

189 copy (to)
copier (une image)

FONCTION GRAPHIQUE qui consiste à DUPLIQUER une image existante affichée sur l'écran.

190 counterclockwise rotation [anti-clockwise rotation]
rotation dans le sens contraire (des aiguilles) d'une montre

191 CPU, central processing unit
UC, unité centrale
Voir UNITÉ CENTRALE.

192 cross-fade [cross-dissolve]
fondu enchaîné

Effet visuel produit en ANIMATION par ordinateur par lequel une scène de synthèse semble graduellement s'estomper tandis qu'une autre apparaît progressivement à l'écran pour la remplacer. Cette technique est souvent utilisée pour suggérer les changements de lieu.
Voir EFFET DE VOLET.

193 cross-haired cursor [puck]
curseur à réticule
curseur réticulaire
Voir CURSEUR RÉTICULAIRE.

194 CRT, cathode ray tube
TRC, tube (à rayons) cathodique(s)
Voir TUBE À RAYONS CATHODIQUES, CANON À ÉLECTRONS.

195 CSG, constructive solid geometry
GSC, géométrie solide constructive
Voir GÉOMÉTRIE SOLIDE CONSTRUCTIVE.

196 cube
cube

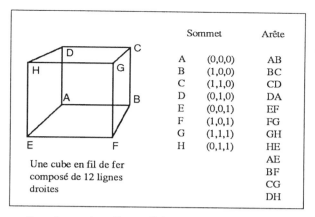

Sommet		Arête
A	(0,0,0)	AB
B	(1,0,0)	BC
C	(1,1,0)	CD
D	(0,1,0)	DA
E	(0,0,1)	EF
F	(1,0,1)	FG
G	(1,1,1)	GH
H	(0,1,1)	HE
		AE
		BF
		CG
		DH

Une cube en fil de fer composé de 12 lignes droites

Représentation d'un solide : un cube en fil de fer

Un volume nécessite, pour être complètement défini et facilement manipulable, d'être spécifié de manière complète par ses sommets, ses arêtes et ses faces. La liste des arêtes permet l'AFFICHAGE EN FIL DE FER qui correspond aux algorithmes d'ÉLIMINATION DES LIGNES CACHÉES. La liste des faces permet quant à elle l'affichage en surface.
Voir AFFICHAGE EN FIL DE FER, MODÉLISATION D'UNE FACETTE.

197 cubic curve

courbe cubique

198 cursor [pointer]

curseur

pointeur

Symbole mobile affiché sur un écran qu'un utilisateur peut déplacer à l'aide d'un DISPOSITIF DE DÉSIGNATION tel qu'une SOURIS ou une BOULE DE COMMANDE pour signaler une position ou sélectionner un article d'un menu.

199 curve

courbe

Ligne simple continue, ayant la continuité du vecteur de tangente et de courbure. Définie par son type, son degré et sa propriété.

Exemples : Différentes courbes : caustique, cycloïde, ellipse, hyperbole, parabole, sinusoïde, spirale, etc.
Voir COURBE DE BÉZIER, SPLINE, B-SPLINE, β-SPLINE, B-SPLINE UNIFORME.

200 curve direction
direction de la courbe

FONCTION GRAPHIQUE qui, dans la phase de MODÉLISATION, indique par l'intermédiaire d'un marqueur la direction de la courbe.

201 curve generator
générateur de courbes

Unité fonctionnelle qui fournit la représentation graphique d'une COURBE à partir de sa combinaison de codes, en vue de son affichage.

202 curve inflexion
inflexion d'une courbe

Endroit où la COURBE change de sens.

Note. — Le point d'inflexion est le point d'une courbe plane où la CONCAVITÉ change de sens.
Voir HERMITE, POINT DE CASSURE.

203 curviline
curviligne

Objet graphique composé par des lignes courbes.

204 curviline polygon
polygone curviligne

POLYGONE formé par des lignes courbes.

205 cut-away shot
plan de coupe

Le plan de coupe est une représentation graphique. L'objet graphique est coupé, et tout ce qui se trouve entre l'observateur et le plan de coupe est supposé retiré ; le dessin de la vue coupée correspond au reste de l'objet et révèle par conséquent les détails intérieurs.

206 cutting lines
lignes de découpe

Dans la représentation de surface, les lignes de découpe sont une caractéristique importante et très utile. Elle permet à l'utilisateur de créer des trous sur des surfaces en définissant des lignes de découpe qui délimitent les trous. Ces lignes de découpe sont liées à la surface et se déplacent avec elle lorsqu'elle est modifiée.

D

207 dark

sombre

Adjectif utilisé pour décrire des niveaux bas de CLARTÉ.

208 data structure

structure des données

La structure des données est une méthode d'organisation et de représentation des informations. Deux types de renseignements sont contenus dans une structure de données : les informations proprement dites et les liens entre les informations.

209 Dataglove™

Dataglove™
gant sensitif
gant tactile

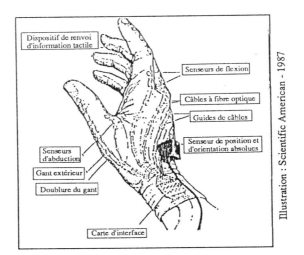

Illustration : Scientific American - 1987

Dataglove™ de la Société américaine VPL est un dispositif de RÉALITÉ VIRTUELLE. C'est un gant sensitif cousu dans un tissu acrylique avec, à sa surface, un capteur de position et d'orientation magnétique Polhemus de McDonnell-Douglas ainsi que plusieurs capteurs électrosensoriels en fibres optiques permettant de recueillir les coordonnées géométriques de la main, la paume et les phalanges. Le gant est connecté par câble à l'ordinateur, et un logiciel graphique permet d'afficher directement sur écran et de façon dynamique le modèle de la main. Son utilité principale est la possibilité de commander un programme par des gestes.

Note. — Il existe d'autres gants sensitifs comme celui de W Industries, le TouchGlove™.
Voir RÉALITÉ VIRTUELLE, EYEPHONE™.

210 daylight illuminant
illuminant lumière de jour

Rayonnement, dans une scène graphique, égal (ou presque) à celui d'une certaine phase de la lumière du jour.

211 daylight source
source à lumière du jour

Source lumineuse donnant une lumière, dans une scène graphique, qui se rapproche sensiblement de celle de la lumière du jour.

212 decompression

décompression
Voir COMPRESSION.

213 degree of reflectivity

niveau de réflectance

Indice qui détermine dans une scène de synthèse le degré de réflectance d'un OBJET graphique.

214 dejagging

élimination d'effet d'escalier
Voir ANTICRÉNELAGE, CRÉNELAGE, ÉCHANTILLONNAGE.

215 depth of field [field depth]

profondeur de champ

216 descender

descendante
lettre à queue
caractère à jambage inférieur

Partie d'une lettre qui se trouve au-dessous de la ligne d'écriture.

Exemple : g,y,p,q...
Voir ASCENDANTE, LIGNE DE BASE, LIGNE DE CRÊTE, CORPS DU CARACTÈRE.

217 desktop animation

animation assistée par ordinateur

218 device coordinates, DC

coordonnées d'appareil

Coordonnée définie dans un système de coordonnées propre à l'appareil (soit un écran ou une TABLE TRAÇANTE).

219 device space

espace d'appareil

Espace défini par l'ensemble de toutes les POSITIONS ADRESSABLES d'un DISPOSITIF D'AFFICHAGE.

220 difference

différence

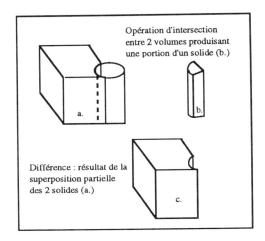

Opération d'intersection entre 2 volumes produisant une portion d'un solide (b.)

a.

b.

Différence : résultat de la superposition partielle des 2 solides (a.)

c.

FONCTION GRAPHIQUE sous forme d'OPÉRATION BOOLÉENNE qui, dans la phase de MODÉLISATION, crée un solide en retirant le volume d'un solide d'un autre solide.
Voir GÉOMÉTRIE SOLIDE CONSTRUCTIVE, INTERSECTION, UNION, SOLIDE, OPÉRATION BOOLÉENNE.

221 diffraction

diffraction

Déviation de la direction d'un rayonnement qui se produit, dans une scène de synthèse, lorsque les ondes rencontrent des obstacles de dimensions sensiblement égales à leur longueur d'onde.

222 diffuse illumination

illumination diffuse

Illumination répandue dans toutes les directions dans une scène graphique.
Voir RÉFLEXION DIFFUSE.

223 diffuse light source

source lumineuse diffuse

Source lumineuse rayonnant dans toutes les directions comme une ampoule nue.
Voir ILLUMINATION DIFFUSE, DIFFUSION.

224 diffuse lighting

éclairement diffus
Voir DIFFUSION, ILLUMINATION DIFFUSE, RÉFLEXION DIFFUSE.

225 diffuse radiation

rayonnement diffus
Voir DIFFUSION, RÉFLEXION DIFFUSE.

226 diffuse reflection

réflexion diffuse

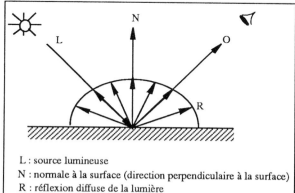

L : source lumineuse
N : normale à la surface (direction perpendiculaire à la surface)
R : réflexion diffuse de la lumière
O : œil de l'observateur

Si la surface graphique qui reçoit la lumière est mate, irrégulière, ou imparfaitement polie (papier, tissu, etc.), la réflexion se produit aléatoirement dans toutes les directions : on dit qu'il y a réflexion diffuse. C'est une diffusion de la lumière par réflexion dans laquelle la RÉFLEXION SPÉCULAIRE ne se manifeste pas.

Note. — La lumière réfléchie comporte deux types de réflexion possibles :

1. une réflexion spéculaire

2. une réflexion diffuse.
Voir RÉFLEXION SPÉCULAIRE.

227 diffuse surface

surface diffuse

Une surface dite diffuse est une surface où la lumière est réfléchie aléatoirement dans toutes les directions.
Voir RÉFLEXION DIFFUSE.

228 diffuse transmission
transmission diffuse

Transmission d'une lumière répartie d'une façon aléatoire à travers un objet graphique lui donnant un aspect translucide. C'est une diffusion lumineuse par transmission dans laquelle la TRANSMISSION RÉGULIÈRE ne se manifeste pas.
Voir TRANSMISSION, TRANSMISSION RÉGULIÈRE, TRANSMISSION MIXTE.

229 diffused lighting
éclairement diffusé

Éclairement réalisé, dans une scène graphique, de façon telle que la lumière atteignant l'objet ne provienne pas d'une direction privilégiée.

230 diffusion factor
coefficient de diffusion

Indice qui, dans une scène de synthèse, détermine la dispersion de la lumière dans de multiples directions par un OBJET graphique ayant des propriétés diffusantes.
Voir DISPERSION, RÉFLEXION DIFFUSE, INTERACTIONS DE LA LUMIÈRE.

231 diffusion [scattering]
diffusion (de la lumière)
dispersion (de la lumière)

Phénomène par lequel la répartition spatiale d'un faisceau de rayonnement est changée lorsque le faisceau est dévié dans de multiples directions par un OBJET graphique ayant des propriétés diffusantes.
Voir RÉFLEXION DIFFUSE, COEFFICIENT DE DIFFUSION.

232 digital data
données numériques

Informations représentées sous une forme numérique adaptée à leur traitement informatique.

233 digital image
image numérique

234 digital image acquisition
acquisition d'images numériques

235 digital photograph
photographie numérique

236 digital picture library
bibliothèque d'images numériques

237 digital signal
signal numérique

Signal dont les caractéristiques représentent une suite d'éléments binaires : 1 ou 0 du code binaire. Les ordinateurs numériques fonctionnent en manipulant les signaux numériques.
Voir BIT, BINAIRE, SYSTÈME BINAIRE, NUMÉRISATION.

238 digitized image
image numérisée

239 digitizing [digitization]
numérisation

Action qui consiste à transformer une donnée analogique en donnée numérique porteuse de la même information de façon à la traiter ou à la stocker dans un ordinateur.
Voir SIGNAL NUMÉRIQUE.

240 digitizing tablet [graphics tablet]
tablette à numériser
tablette graphique

Dispositif graphique d'entrée de numérisation qui se présente sous la forme d'une petite planche à dessin ayant une surface plane, disposée en face de l'écran de visualisation. Il agit comme un numériseur lors de la collecte de coordonnées qui se pratique à l'aide d'un CURSEUR RÉTICULAIRE ou d'un STYLET disposé verticalement sur la tablette que l'on déplace en suivant le contour d'un dessin ou pour repérer des positions que la TABLETTE contient.

Note. — Il existe différentes tablettes graphiques : acoustique, magnétique, etc. Certaines peuvent même traiter des objets à trois dimensions.
Voir TABLETTE ACOUSTIQUE, MENU DE TABLETTE, STYLET, CURSEUR RÉTICULAIRE.

241 dim
obscur

Adjectif utilisé pour décrire des niveaux bas de LUMINOSITÉ dans une scène de synthèse.

242 dimension
cotation
dimension

243 direct color
couleur directe

Système de sélection de couleurs dans lequel les valeurs des couleurs RVB sont spécifiées directement, sans exiger une correspondance intermédiaire par une TABLE DE COULEURS, MODÈLE DE COULEURS RVB.

244 direct illumination [direct lighting]
éclairement direct
Voir FLUX LUMINEUX DIRECT.

245 direct light flux [direct luminous flux]
flux lumineux direct

Flux lumineux reçu par un OBJET graphique directement de la source lumineuse.
Voir FLUX LUMINEUX, FLUX LUMINEUX INDIRECT.

246 direct lighting [direct illumination]
éclairement direct
Voir FLUX LUMINEUX DIRECT.

247 direct ray
rayon (lumineux) direct

C'est une ligne entre deux points de l'espace qui représente la trajectoire prise par la lumière pour aller d'un point à un autre. Dans un milieu homogène, cette trajectoire est une ligne directe.

248 direct transmission [regular transmission]
transmission régulière

Transmission d'un rayonnement lumineux à travers un objet graphique, sans diffusion.
Voir TRANSMISSION, TRANSMISSION DIFFUSE, TRANSMISSION MIXTE.

249 direction of specular reflection
direction de la réflexion spéculaire
Voir RÉFLEXION SPÉCULAIRE.

250 directional light source
source de lumière dirigée
source de lumière directionnelle

Source lumineuse éclairant un OBJET dans une scène graphique de telle façon que la lumière atteignant l'objet provienne d'une direction privilégiée et qui a une intensité et une direction constantes en tous points de l'espace. Ce type de source reproduit d'une façon assez précise la lumière sur une grande distance et c'est, de tous les modèles d'éclairement, celui qui requiert le moins de calculs.
Voir ÉCLAIREMENT DIRIGÉ, SOURCE DE LUMIÈRE, PARAMÈTRES DE LA LUMIÈRE.

251 directional lighting
éclairement dirigé

Éclairement réalisé, dans une scène de synthèse, de façon telle que la lumière atteignant l'objet graphique provienne d'une direction privilégiée.
Voir SOURCE DE LUMIÈRE DIRIGÉE.

252 dispersion
dispersion

Phénomène optique qui se produit lorsque la lumière traverse un prisme. Le faisceau se trouve alors dévié, élargi et décomposé en ses différentes composantes de couleurs.

253 display
affichage
visualisation

Présentation visuelle d'images statiques ou animées sur un DISPOSITIF D'AFFICHAGE.

Note. — Seul un écran permet l'affichage d'images animées.

254 display area [display surface]
surface d'affichage
surface de visualisation
zone d'affichage

Dans un DISPOSITIF D'AFFICHAGE, support sur lequel les images peuvent apparaître.

Exemple : Écran d'un tube cathodique, papier sur un traceur.

255 display command
commande d'affichage

Commande qui modifie l'état ou agit sur l'activité d'un DISPOSITIF D'AFFICHAGE.

256 display console
visu
visuel
console de visualisation

DISPOSITIF D'AFFICHAGE (écran) permettant la visualisation d'images statiques ou animées, générées par ordinateur.
Voir ÉCRAN GRAPHIQUE COULEUR, ÉCRAN TACTILE, ÉCRAN À PLASMA, ÉCRAN À CRISTAUX LIQUIDES.

257 display cycle
cycle d'affichage

258 display device
dispositif d'affichage

DISPOSITIF DE SORTIE qui fournit une représentation visuelle des données. Les périphériques d'ordinateur les plus répandus ayant la capacité de produire des images en sortie sont : les visus à balayage de trame (TRC), les visus à mémoire, les visus à plasma, les visus à cristaux liquides, les TABLEs TRAÇANTEs et les imprimantes.
Voir ÉCRAN GRAPHIQUE COULEUR, ÉCRAN TACTILE, ÉCRAN À PLASMA, TUBE À RAYONS CATHODIQUE, ÉCRAN À CRISTAUX LIQUIDES, VISU, TABLE TRAÇANTE, TRACEUR À ROULEAU, TRACEUR ÉLECTROSTATIQUE, PHOTOTRACEUR.

259 display element [graphic element]
élément graphique

Le plus petit élément de représentation graphique qui puisse être utilisé pour constituer une image et auquel on puisse attribuer des caractéristiques individuelles comme la couleur ou l'intensité.

260 display format
format d'affichage

261 display memory
mémoire écran

262 display space
espace d'affichage

Portion de l'ESPACE D'APPAREIL correspondant à la zone disponible pour l'affichage des images.

263 display surface [display area]
surface d'affichage
surface de visualisation
zone d'affichage

Dans un DISPOSITIF D'AFFICHAGE, support sur lequel les images peuvent apparaître.

Exemple : Écran d'un tube cathodique, papier sur un traçeur.

264 display (to)
afficher
visualiser

Présenter visuellement des images statiques ou animées à l'écran.

265 disposable pen (of plotter)
plume jetable (d'un traceur)
Voir PLUME.

266 dissociation
dissociation

FONCTION GRAPHIQUE qui, dans la phase de MODÉLISATION, sépare des solides uniques constitués d'une UNION de solides.

Note. — Chaque solide disjoint devient un solide séparé.

Voir GÉOMÉTRIE SOLIDE CONSTRUCTIVE, DIFFÉRENCE, INTERSECTION, UNION, SOLIDE, OPÉRATION BOOLÉENNE.

267 dissolved image

image en fondu enchaîné

Effet visuel par lequel une image de synthèse semble graduellement s'estomper tandis qu'une autre apparaît progressivement à l'écran pour la remplacer. En animation par ordinateur, cette technique est souvent utilisée pour suggérer les changements de lieu.

268 distant light source

source de lumière lointaine

Source lumineuse considérée à une distance à l'infini de la scène de synthèse répandant la même quantité de lumière dans une direction déterminée.

269 distant shot [long shot]

plan d'ensemble

Effet produit par la CAMÉRA qui permet par une variation de la focale un éloignement de la scène observée.
Voir CAMÉRA, ANGLE D'OUVERTURE.

270 distort (to) [warp (to)]

déformer (une image)

FONCTION GRAPHIQUE qui permet de transformer géométriquement un OBJET graphique.

271 distributed light source

source de lumière répartie
source de lumière étendue

Source lumineuse qui éclaire une région déterminée de la scène de synthèse.
Voir SOURCE AMBIANTE, SOURCE DE LUMIÈRE PONCTUELLE, SOURCE DE LUMIÈRE DIRIGÉE, DIRECTION DE LA SOURCE LUMINEUSE.

272 dominant light

lumière dominante

273 dot

point (d'une image)

274 dot graphics

graphique par points

275 dot matrix
matrice de points

276 dot matrix character generator
générateur de caractères par points

GÉNÉRATEURS DE CARACTÈRES produisant l'image de chaque caractère au moyen de points.

277 dot pattern shading [overall toning]
pochage en pointillés
pochage en teinte

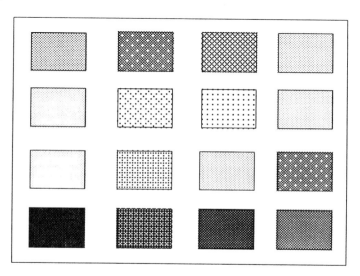

278 dot-addressable
adressable au niveau du point

Tout point pouvant être repéré par ses coordonnées dans un ESPACE D'APPAREIL.
Voir ESPACE D'APPAREIL.

279 drag (to) [move (to)]
déplacer (une image)
entraîner
faire glisser

FONCTION GRAPHIQUE permettant de sélectionner et de déplacer à l'écran un OBJET graphique par TRANSLATION à l'aide d'un DISPOSITIF DE DÉSIGNATION, selon une ligne droite, vers la gauche ou vers la droite, en haut ou en bas, vers l'intérieur, vers l'extérieur ou toute autre combinaison dans un espace tridimensionnel ou bidimensionnel.

280 drawing speed
vitesse de traçage

1. Vitesse de traçage d'une TABLE TRAÇANTE.

2. La vitesse de traçage d'un écran se mesure en points, ou vecteurs par seconde. Pour les écrans matriciels la vitesse dépend principalement du processeur graphique utilisé.

281 drawing tools [painting tools]
outils de dessin
outils de coloriage

Outils de dessin d'une application infographique affichés sur un écran comme une entité graphique à l'intention d'un utilisateur et à partir de laquelle celui-ci peut choisir l'outil désiré pour son dessin. Cette entité graphique n'est pas un OBJET graphique.

Exemples : crayon, gomme, pinceau.

282 drum plotter
traceur à rouleau
traceur à tambour

Traceur qui dessine l'image sur une SURFACE D'AFFICHAGE montée sur un tambour rotatif. Son principe consiste à déplacer le papier au lieu de la traverse (de la TABLE TRAÇANTE), permettant de meilleures performances.

Note. — Ce type de traceur permet de générer des dessins de grand format, de très bonne qualité.

283 duplicate (to)
dupliquer (une image)

FONCTION GRAPHIQUE qui consiste à copier une image.

284 DXF
DXF

Sigle de Data Exchange File. Format graphique, reconnu par plusieurs logiciels de CAO, utilisé par Autodesk pour décrire les données en Autocad. Ce format est devenu un standard de facto.

285 dynamic model
modèle dynamique

Modèle comportant des OBJETs qu'on peut déplacer.
Voir MODÈLE STATIQUE.

Exemple : La modélisation d'une voiture est un exemple de modèle dynamique.

286 dynamic modeling
modélisation dynamique

287 edge

arête

Lignes d'intersection de 2 plans. Les arêtes (avec les sommets et les faces) servent à définir et à modéliser les volumes.
Voir MODÉLISATION DES FACETTES, ARÊTE DES FACES.

288 electron gun

canon à électrons

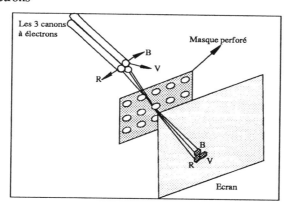

Il existe 3 canons à électrons dans un tube couleur à balayage de trame : 1 pour chacune des 3 COULEURS PRIMAIRES ADDITIVES : rouge, vert et bleu (RVB). Une grille métallique perforée (masque perforé) se trouve entre les canons à électrons et la face du tube. Les canons à électrons sont généralement disposés en triangle comme les grains de luminophore rouge, vert et bleu de la surface du tube. La disposition adéquate des canons à électrons permet à leurs faisceaux individuels (RVB) de converger et de se couper sur le masque perforé. Les différentes nuances à l'écran sont obtenues par la variation de la puissance du faisceau d'électrons de chaque couleur primaire.
Voir TUBE À RAYONS CATHODIQUES, COULEURS PRIMAIRES ADDITIVES.

289 electronic image-cutting
montage électronique des images

290 electrostatic plotter
traceur électrostatique

Traceur utilisant une rangée d'électrodes pour créer les charges électriques attirant l'encre sur un papier spécial revêtu d'une couche diélectrique.

Note. — L'avantage principal de ce type de traceur est sa grande vitesse de traçage.

291 emerging ray
rayon émergent
rayon transmis

Rayon qui sort d'un milieu après l'avoir traversé.
Voir TRANSMISSION.

292 end view
vue en bout

293 enlarge (to)
agrandir (une image)

294 enlargement scale
échelle d'agrandissement (d'une image)
Voir METTRE À L'ÉCHELLE, CHANGEMENT D'ÉCHELLE.

295 environment map
texture d'environnement
Voir PLACAGE D'ENVIRONNEMENT.

296 environment mapping [reflection mapping]

placage d'environnement
placage de réflexion

Le placage d'environnement appelé aussi placage de réflexion est un algorithme développé par Blinn et Newell qui a pour but la modélisation des réflexions interobjets. Il consiste à appliquer sur un objet graphique généralement sphérique une image de la scène entière, afin de lui donner un aspect miroir réfléchissant.

297 expanded type

caractère large
caractère dilaté

298 expansion board [expansion card]

carte d'extension

299 expansion factor [enlargement factor]

facteur d'agrandissement (d'une image)

300 expansion slot

emplacement libre pour extension

Emplacement prévu dans l'unité centrale d'une station de travail pour l'insertion d'une carte de circuits servant à ajouter de la mémoire ou à traiter des images vidéo, etc.

Exemples : carte TV, carte accélératrice graphique, carte d'acquisition d'images, carte d'extention de mémoire, carte RNIS (Numéris), carte fax, etc.

301 exploded view

vue éclatée

Représentation graphique sur une SURFACE D'AFFICHAGE d'un objet (machine, ouvrage d'art) qui en montre les ÉLÉMENTs GRAPHIQUEs ordinairement invisibles par séparation de ces éléments représentés généralement en trois dimensions.

302 extract (to)

extraire

Retirer une portion d'une image.
Voir DÉCOUPAGE.

303 eye position [eye-point]

position de l'œil
point de vue
Voir POINT DE VUE.

304 eye vector

vecteur de l'œil de l'observateur

Vecteur représentant un segment en 3-D tracé depuis l'œil de l'observateur jusqu'à un point déterminé de l'ESPACE-OBJET.
Voir POINT DE VUE.

305 eye-point [eye position]

point de vue
position de l'œil

La position de l'œil d'un observateur dans l'espace de COORDONNÉES UNIVERSELLES représente la position de la CAMÉRA virtuelle dans une scène graphique.
Voir CAMÉRA, POINT VISÉ.

306 EyePhone™

EyePhone™
casque de visualisation
visière

Le casque de visualisation interactif de la Société américaine VPL est un dispositif de RÉALITÉ VIRTUELLE. En face de chaque œil est disposé un petit ÉCRAN À CRISTAUX LIQUIDES. Une lentille de grossissement spécialement adaptée s'interpose entre l'œil et l'écran, si bien que l'image occupe la totalité du champ visuel. L'impression de relief est obtenue par vision stéréoscopique, c'est-à-dire en affichant respectivement devant l'œil droit et devant l'œil gauche une image légèrement décalée de la même scène.

Note. — le Head Mounted Display (HMD) développé à l'université de Caroline du Nord (USA) est comparable au casque de visualisation Eyephone de la Société VPL.
Voir DATAGLOVE™, RÉALITÉ VIRTUELLE.

307 face edge
arête des faces

Ligne d'intersection des faces.
Voir ARÊTE, MODÉLISATION DES FACETTES.

308 face shape
forme des faces

309 facet modeling
modélisation d'une facette

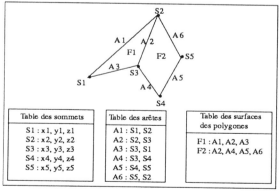

Petite surface courbe plane délimitée par des droites ou des courbes.
Voir CUBE.

310 facet normal
normale à la facette

La normale à la facette est un VECTEUR orthogonal associé à chaque facette. Elle se rapporte à l'orientation de la facette en spécifiant la direction dans laquelle l'extérieur de la facette est dirigé vers un observateur. Une surface maillée composée de facettes nécessite des normales pour qu'elle puisse être lissée lors de la phase du rendu en utilisant par exemple le LISSAGE DE GOURAUD.
Voir NORMALE À LA SURFACE, NORMALE DU SOLIDE.

311 facet shading
lissage des facettes
Voir LISSAGE.

312 facet visibility
visibilité des facettes
Voir FACETTE FRONTALE.

313 facial animation
animation faciale

Le clignotement des yeux, les mouvements des lèvres, la modification de l'expression faciale : gaieté, sourire, pleurs, tristesse sont des exemples d'animation par ordinateur du visage d'un être de synthèse.
Voir ACTEUR DE SYNTHÈSE.

314 facial deformation
transformation de la géométrie faciale

315 facial expression
expression faciale
Voir ANIMATION FACIALE.

316 facial expression modeling
modélisation d'une expression faciale

317 facial geometry
géométrie faciale

318 facial modeling

modélisation faciale

319 fade-in

apparition graduelle

Effet visuel, en animation par ordinateur, où l'image de synthèse semble apparaître graduellement en sortant de l'obscurité.
Voir DISPARITION GRADUELLE.

320 fade-out

disparition graduelle

Effet visuel, en animation par ordinateur, où l'image de synthèse semble disparaître graduellement dans l'obscurité.
Voir APPARITION GRADUELLE.

321 fiber-tip pen (of plotter)

plume à pointe feutre (d'un traceur)
Voir PLUME.

322 field of view

angle d'ouverture (de la caméra)

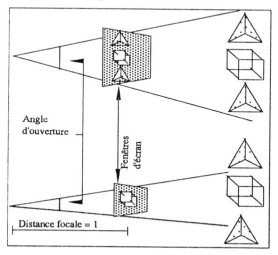

En ANIMATION par ordinateur, l'angle d'ouverture définit la portion de l'espace dont l'image sera prise par la CAMÉRA virtuelle, enregistrée et projetée sur l'écran. Cet angle s'exprime en degrés pour indiquer l'angle d'ouverture de l'objectif de la caméra virtuelle. (Cet angle se trouve entre l'axe de position de la mire et la limite supérieure du VOLUME DE VISION.) Une variation de cet angle en cours d'animation équivaut à un ZOOM optique. (Les limites de la focale sont de 1 [limite de la fermeture de l'angle] et 180 [limite de l'ouverture de l'angle].) Les valeurs d'angle les plus utilisées en animation par ordinateur sont :

15 : téléobjectif
30 : objectif normal
60 : objectif grand angle.

L'exemple de la Figure montre 2 caméras ayant 2 angles d'ouverture différents et une même distance focale.
Voir CAMÉRA.

323 fill area interior style
style de remplissage du polygone

Représentation de remplissage des primitives de polygones ou d'ensemble de polygones. Les zones intérieures sont remplies par un motif graphique, une couleur ou des hachures.
Voir MOTIF DE REMPLISSAGE, REMPLISSAGE, REMPLISSAGE D'UNE SURFACE, STYLE DE REMPLISSAGE VIDE, STYLE DE HACHURAGE.

324 fill color
couleur de remplissage
Voir STYLE DE REMPLISSAGE DU POLYGONE.

325 fill pattern
motif de remplissage

Le motif de remplissage détermine quelle est la couleur et la TEXTURE de la surface. Pour obtenir un RENDU RÉALISTE, il faudra aussi tenir compte de l'ÉCLAIREMENT, de la RÉFLEXION et de la TRANSPARENCE.

326 fill-in area
zone à remplir
Voir MOTIF DE REMPLISSAGE, REMPLISSAGE, REMPLISSAGE D'UNE SURFACE.

327 filling
remplissage

Action de remplir une surface fermée ou un OBJET par une couleur, un motif ou un STYLE DE HACHURAGE.

328 filling texture
texture de remplissage

329 filtering
filtrage

Technique qui consiste à interpoler les intensités le long des ARÊTEs d'un POLYGONE pour résoudre l'apparence du CRÉNELAGE.
Voir CRÉNELAGE, ANTICRÉNELAGE, ÉCHANTILLONNAGE.

330 flat lighting
éclairement plat

331 flat shading [polygonal shading] [constant shading] [faceted shading]
lissage polygonal
lissage uniforme
lissage constant

Méthode qui consite à calculer l'effet d'éclairement sur un OBJET graphique composé de POLYGONEs. Une seule valeur d'intensité est calculée et appliquée à chaque polygone en utilisant un VECTEUR normal unique pour chaque face obtenant ainsi un objet à l'aspect "facetté".

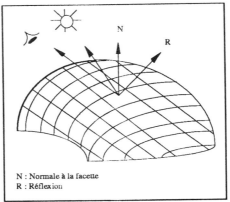

N : Normale à la facette
R : Réflexion

Cette méthode de LISSAGE entraîne un effet brusque de contraste de couleur sur les ARÊTEs des différentes surfaces de polygones.
Voir LISSAGE, LISSAGE DE GOURAUD, LISSAGE DE PHONG, NORMALE À LA FACETTE.

332 flickering

papillotement (de l'écran)
scintillement
Pulsation indésirable d'une image affichée à l'écran.

Note. — Le papillotement survient lorsque la fréquence de régénération est trop faible, compte tenu des caractéristiques du luminophore et de la persistance de l'image sur l'écran et sur l'œil de l'utilisateur.

333 flood-fill algorithm

algorithme de remplissage par diffusion

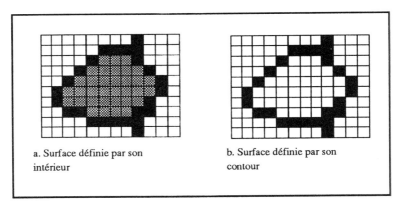

a. Surface définie par son intérieur

b. Surface définie par son contour

La surface peut être définie par son intérieur (exemple a) ou par son contour (exemple b). La condition d'arrêt du remplissage est d'atteindre un point de couleur différente de celle de l'intérieur.
Voir REMPLISSAGE D'UNE SURFACE.

334 flops [floating operations per second]
flops

Unité de mesure déterminant la puissance des stations de travail par le nombre d'opérations en virgule flottante exécutées par seconde. Le Mflops (Mégaflops) qui représente un million de flops est le plus souvent utilisé comme unité de mesure.

335 focal length
distance focale
Voir ANGLE D'OUVERTURE.

336 fog effect
effet de brouillard

En ANIMATION par ordinateur, le brouillard sert à simuler dans la scène une baisse de visibilité ou à créer certaines conditions atmosphériques. La couleur de l'objet est interpolée vers la couleur du brouillard suivant des paramètres bien précis (altitude, densité, épaisseur, axe, distance, forme, intensité et visibilité).
Voir OBJET FLOU.

337 fractal
fractale

ETAPE 0
ETAPE 1
ETAPE 2

Pour ce flocon, on part d'un segment AB et on le remplace par 4 autres AC, CD, DE et EB. Puis on opère de même sur chacune des petites figures. Répété indéfiniment, ce procédé conduit à un objet fractal.

Ce terme a été inventé par Benoît Mandelbrot à partir du mot latin [fractus] ("briser"). Objet graphique ayant une dimension fractionnaire dont la forme est très irrégulière et en général interrompue et fragmentée. Cette fragmentation est quantifiable dans son irrégularité (par la DIMENSION FRACTALE, concept établi par Hausdorff et Besicovitch en 1919) et pouvant être représentée mathématiquement, c'est-à-dire par un ensemble fractal. L'exemple classique du flocon de neige de Helge von Koch, montré page précédente, remonte à 1904 et illustre un exemple des fractales obtenu par une construction récursive d'un motif de base composé de segments de droite. Ces nouvelles figures fractales à l'allure souvent brisée s'appliquent dans les domaines les plus variés tels que la modélisation des paysages, plantes, nuages.
Voir DIMENSION FRACTALE, SURFACE FRACTALE.

338 fractal dimension
dimension fractale

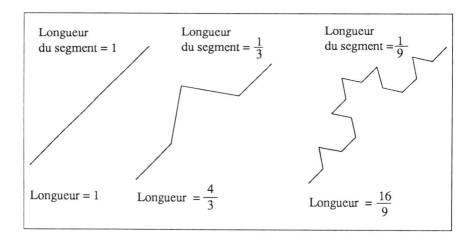

Nombre qui sert à quantifier le degré d'irrégularité et de fragmentation d'une fractale.
Voir FRACTALE, SURFACE FRACTALE.

339 fractal geometry
géométrie fractale
Voir FRACTALE, DIMENSION FRACTALE, SURFACE FRACTALE.

340 fractal surface

surface fractale

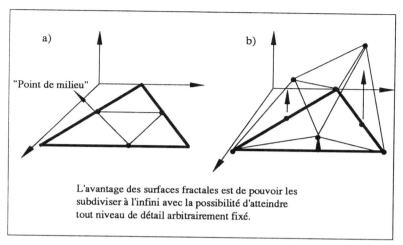

L'avantage des surfaces fractales est de pouvoir les subdiviser à l'infini avec la possibilité d'atteindre tout niveau de détail arbitrairement fixé.

L'exemple illustré ci-dessus représente :

a) un triangle divisé en quatre petits triangles qui sont reliés par des "points milieu" (midpoints) des arêtes des triangles ;

b) la théorie d'une surface fractale qui utilise le "point milieu" d'une arête qui est décalé du milieu en employant des méthodes stochastiques. 4 triangles sont obtenus dans 4 plans différents qui ne sont pas dans le plan du triangle original. Ce processus récursif peut continuer pour chaque triangle.

Voir FRACTALE, DIMENSION FRACTALE.

341 frame boundary

limite de l'image
contour de l'image

342 frame buffer [frame store] [image memory]

mémoire d'image

Une mémoire d'image sert à stocker les attributs (l'intensité) de chaque PIXEL de l'espace image. Cette mémoire se présente comme une matrice d'informations. La taille de la matrice correspond à la résolution du terminal et chaque information est un ÉLÉMENT D'IMAGE ou PIXEL

343 frame [picture] [image]

image

Ensemble d'ÉLÉMENTs GRAPHIQUEs ou de groupes graphiques présentés simultanément sur une SURFACE D'AFFICHAGE.
Voir ÉLÉMENT GRAPHIQUE.

344 frame projection rates [image projection rates]
taux de projection d'images

Le taux de projection d'images est la vitesse de défilement d'un film de synthèse qui peut être de 24 images par seconde. Le taux de 25 images par seconde s'applique aux films destinés à être projetés en vidéo dans les régions employant un courant électrique de fréquence 50 Hz.
Voir ANIMATION IMAGE PAR IMAGE.

345 frame store [frame buffer] [image memory]
mémoire d'image

Une mémoire d'image sert à stocker les attributs (l'intensité) de chaque PIXEL de l'espace image. Cette mémoire se présente comme une matrice d'informations. La taille de la matrice correspond à la résolution du terminal et chaque information est un ÉLÉMENT D'IMAGE ou PIXEL.

346 frame (to)
encadrer
délimiter

347 frame-by-frame
image par image
Voir ANIMATION IMAGE PAR IMAGE.

348 frame-by-frame animation [single-frame animation]
animation image par image

L'animation par ordinateur image par image correspond à l'animation traditionnelle. Il faut d'abord calculer les images afin de constituer une suite de dessins représentant les phases successives du mouvement d'un CORPS ou d'un OBJET, les enregistrer sur bande vidéo ou sur film puis les visualiser ou projeter à une cadence rapide (par exemple 25 images par seconde pour la vidéo PAL/SECAM).
Voir ANIMATION, ANIMATION ALGORITHMIQUE, ANIMATION PAR IMAGES CLÉS, ANIMATION PAR INTERPOLATION PARAMÉTRIQUE, TAUX DE PROJECTION D'IMAGES.

349 free form deformation, FFD
déformation de forme libre

Méthode puissante de distorsion de structures d'objets graphiques 2-D et 3-D. Elle consiste à envelopper l'objet à déformer par une suite de POINTS DE CONTRÔLE, lesquels contrôleront la distorsion. Chaque point de cet espace de contrôle a ses coordonnées en X, Y et Z.

350 freehand sketch [hand-drawn sketch]
esquisse dessinée à la main

351 freeze (to)
figer (une image)
bloquer

FONCTION GRAPHIQUE d'un logiciel d'animation permettant de faire un arrêt sur image.

352 freeze-frame [still frame] [stop frame]
image fixe
arrêt sur image
image figée

En animation par ordinateur, FONCTION GRAPHIQUE qui permet de faire un arrêt sur image.

353 front clipping plane
avant-plan de découpage

Dans le DÉCOUPAGE par plans du VOLUME DE VUE, l'AVANT-PLAN de découpage est situé à l'avant du PLAN DE VUE par rapport au POINT DE RÉFÉRENCE DE VUE.
Voir PLAN ARRIÈRE DE DÉCOUPAGE, ARRIÈRE-PLAN, AVANT-PLAN, VOLUME DE VUE, PLAN DE VUE.

354 front facet
facette frontale

La facette frontale d'un POLYGONE est considérée comme visible quand la normale à sa surface est orientée vers l'observateur.
Voir NORMALE DE LA SURFACE, NORMALE DE LA FACETTE.

355 front lighting
éclairement frontal

356 front plane
avant-plan

Un plan parallèle au PLAN DE VUE qui est spécifié comme une valeur sur l'axe des N dans le système de COORDONNÉES DE RÉFÉRENCE DE VUE. Les primitives se situant devant ce plan sont à l'extérieur du VOLUME DE VUE.
Voir PLAN DE VUE, PLAN AVANT DE DÉCOUPAGE, ARRIÈRE-PLAN, COORDON-NÉES DE RÉFÉRENCE DE VUE, VOLUME DE VUE.

357 front projection
projection frontale

358 front view
vue de face
Voir VUE.

359 full-scale [full-sized] [life-sized]
grandeur nature

OBJET graphique modélisé aux dimensions réelles de l'objet représenté.

360 fuzzy effect
effet de flou
flou artistique

361 fuzzy [hazy] [blurred]
flou
Voir IMAGE FLOUE, FLOU DE MOUVEMENT.

362 GDP, Generalized Drawing Primitive
PGG, primitive graphique généralisée

PRIMITIVE GRAPHIQUE GKS de sortie pour accéder aux possibilités géométriques, dépendant de la station de travail, comme la génération de courbes.
Voir GKS, GKS-3D, PRIMITIVE GRAPHIQUE.

363 general lighting
éclairement général

Éclairement uniforme d'une scène de synthèse sans tenir compte des besoins particuliers de certains objets graphiques de cette scène.

364 Generalized Drawing Primitive, GDP
primitive graphique généralisée, PGG

PRIMITIVE GRAPHIQUE GKS de sortie pour accéder aux possibilités géométriques, dépendant de la station de travail, comme la génération de courbes.
Voir GKS, GKS-3D, PRIMITIVE GRAPHIQUE.

365 geometric data
données géométriques
Voir MODÉLISATION D'UNE FACETTE.

366 geometric database
base de données géométriques

367 geometric primitive
primitive géométrique
Voir PRIMITIVE GRAPHIQUE, PRIMITIVE BIDIMENSIONNELLE.

368 geometric shape library
bibliothèque de formes géométriques

369 geometric transformation
transformation géométrique

La TRANSLATION, la ROTATION et le CHANGEMENT D'ÉCHELLE sont des exemples de transformations géométriques.
On modifie :
- La position d'un objet graphique par des translations ;
- L'orientation d'un objet graphique par des rotations ;
- La taille d'un objet graphique par des transformations d'échelle.
Les transformations géométriques sont mathématiquement représentées par des équations pour chacune des coordonnées d'un point ou par une matrice.

370 GIF
GIF

GIF est le sigle de Graphics Interchange Format. C'est un format de fichier développé par CompuServe en 1987 pour le transfert des données des images en couleur.
Voir IGES, CGM.

371 GKS, Graphical Kernel System
GKS, Système Graphique de Base

Le GKS est une norme ISO d'interface graphique à 2 dimensions. Il est constitué d'un ensemble de fonctions destinées à la programmation en infographie. Le concept fondamental de GKS est la notion de postes de travail abstraits qui assure l'interface logique par lequel le programme d'application contrôle les appareils physiques. GKS propose six primitives de sortie (polyligne, polymarque, texte, POLYGONE, matrice de PIXELs, PRIMITIVE GRAPHIQUE

GÉNÉRALISÉE) et des attributs de primitives (forme, taille, aspect des traits, etc.). GKS offre la possibilité de stocker des informations graphiques dans un fichier appelé MÉTAFICHIER-GKS, avec lequel l'utilisateur pourra alimenter des terminaux de types différents. L'architecture GKS permet d'utiliser 3 systèmes de coordonnées :
– COORDONNÉES UNIVERSELLES
– COORDONNÉES NORMÉES D'APPAREIL
– COORDONNÉES D'APPAREIL.
Voir GKS-3D.

372 GKS-3D
GKS-3D

GKS-3D, extension de GKS, est une norme ISO d'interface graphique à 3 dimensions. Il est constitué d'un ensemble de fonctions destinées à la programmantion en infographie tridimensionnelle.
Voir GKS, MÉTAFICHIER-GKS.

373 GKS-Metafile (GKSM)
métafichier-GKS

Fichier séquentiel généré par GKS pour conserver, transporter ou échanger des données graphiques et des informations de contrôle. Ces informations contiennent une description d'une ou de plusieurs images, indépendante de l'appareil.
Voir GKS, GKS-3D.

Note. — Le métafichier s'utilise comme une station de travail virtuelle.

374 glare
éblouissement

Vision d'un OBJET graphique dans une scène de synthèse dans lequel on éprouve une gêne ou une réduction de l'aptitude à distinguer ses détails, par suite d'une répartition défavorable et très intense (volontaire ou involontaire) des luminances.

375 global illumination
éclairement global

Un modèle d'éclairement calcule la couleur sur un point d'une scène de synthèse en terme d'émission directe de lumière par la source lumineuse. La lumière transmise et réfléchie sur les autres OBJETs de la scène est appelée éclairement global. Par contre, une lumière provenant directement d'une source lumineuse et atteignant un objet est un éclairement local.
Voir ÉCLAIREMENT LOCAL, SOURCE LUMINEUSE LOCALE.

376 glossy surface [shiny surface]
surface brillante

Aspect dans lequel on perçoit des reflets lumineux d'objets graphiques comme superposés à la surface par suite des propriétés directionnelles sélectives de cette surface graphique.

377 Gouraud shading [intensity interpolation shading] [color interpolation shading]
lissage de Gouraud
lissage par interpolation bilinéaire
lissage par interpolation de la couleur

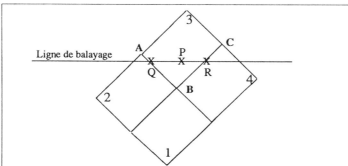

Il s'agit de déterminer l'intensité au point P. Pour cela, il faut réaliser une interpolation linéaire entre les intensités en A et B pour obtenir celle en Q, qui est le point d'intersection de l'arête du polygone avec la ligne de balayage. La même opération sera répétée en B et C afin d'obtenir l'intensité en R. Enfin, l'intensité en P résulte de l'interpolation linéaire des intensités en Q et R.

Pour pallier le défaut lié à la méthode du LISSAGE POLYGONAL (brusque variation d'intensité au niveau des ARÊTEs des facettes), le lissage de Gouraud (1971) détermine l'intensité lumineuse au niveau de chaque sommet du POLYGONE, puis l'intensité de chaque PIXEL de la ligne de balayage par une interpolation bilinéaire. Les règles d'interpolation de cette méthode garantissent la continuité de l'intensité à l'intérieur des limites d'un POLYGONE, mais pas entre deux polygones.
Voir LISSAGE, LISSAGE POLYGONAL, LISSAGE DE PHONG.

378 gradation
dégradé

Modification progressive d'une couleur ou variation graduelle d'une intensité lumineuse dans une scène graphique.

379 graphic coprocessor
coprocesseur graphique

Processeur annexe au processeur principal, destiné exclusivement au traitement des données graphiques.

380 graphic database
base de données graphiques

Base de données contenant des données graphiques (images, figures, dessins, photographies numériques, images vidéo) et les attributs s'y rapportant.

381 graphic display (device)
écran graphique
visu graphique
Voir ÉCRAN GRAPHIQUE COULEUR, ÉCRAN TACTILE, ÉCRAN À PLASMA.

382 graphic element [display element]
élément graphique

Le plus petit élément de représentation graphique qui puisse être utilisé pour constituer une image et auquel on puisse attribuer des caractéristiques individuelles comme la couleur ou l'intensité.

383 graphic entity
entité graphique

Groupe d'éléments graphiques constituant un ensemble unitaire complet.

384 graphic file
fichier graphique

Fichier contenant des données graphiques.
Voir BASE DE DONNÉES GRAPHIQUES.

385 graphic primitive
primitive graphique

Les primitives graphiques sont la base d'une bibliothèque graphique. Elles se classifient en primitives curvilignes, surfaciques ou volumiques. Ce sont des dessins simples de base, qui peuvent être utilisés dans la conception d'images plus complexes à deux ou à trois dimensions.
Voir PRIMITIVE BIDIMENSIONNELLE, PRIMITIVE GRAPHIQUE GÉNÉRALISÉE (PGG).

386 graphic representation
représentation graphique

Passage des données géométriques à la représentation d'un modèle graphique.

387 graphic resolution
définition graphique

388 graphic software
logiciel graphique
graphiciel

389 graphic terminal
terminal graphique

Appareil permettant l'accès à distance à un système infographique.

390 Graphical Kernel System, GKS
système graphique de base, GKS
Voir GKS.

391 graphical programming language
langage de programmation graphique

Langage de programmation développé pour le traitement de données graphiques.

392 graphical simulation
simulation graphique
Voir SIMULER.

393 graphics accelerator board
carte accélératrice graphique

394 graphics console
visuel graphique
console graphique

395 graphics device
dispositif graphique

Un appareil (par exemple, écran à rafraîchissement d'affichage à mémoire ou traceur) sur lequel des images peuvent être représentées.

396 graphics function
fonction graphique

Commande qui, reçue et décodée par un système infographique, déclenche de la part de celui-ci la réalisation d'une fonction déterminée permettant ainsi à l'utilisateur de modifier ou d'attribuer de nouvelles caratéristiques à l'image affichée à l'écran, comme les transformations, le DÉCOUPAGE, la RÉFLEXION, la ROTATION, ou le LISSAGE, etc.

397 graphics memory
mémoire graphique

Partie de la mémoire d'un ordinateur utilisée pour l'affichage des données à l'écran.

398 graphics modeling
modélisation graphique

399 graphics station
station graphique

400 graphics system
système graphique

Ensemble des moyens matériel et logiciel mis en œuvre afin d'obtenir des représentations graphiques, généralement en mode conversationnel.

401 graphics tablet [digitizing tablet]
tablette graphique
tablette à numériser

Dispositif graphique d'entrée qui se présente sous la forme d'une petite planche à dessin ayant une surface plane, disposée en face de l'écran de visualisation. Il agit comme un numériseur lors de la collecte de coordonnées qui se pratique à l'aide d'un CURSEUR RÉTICULAIRE ou d'un STYLET disposé verticalement sur la TABLETTE que l'on déplace en suivant le contour d'un dessin ou pour repérer des positions que la tablette contient.

Note. — Il existe des différentes tablettes graphiques : acoustique, magnétique, etc. Certaines peuvent même traiter des objets à trois dimensions.
Voir TABLETTE ACOUSTIQUE, MENU DE TABLETTE, STYLET, CURSEUR RÉTICULAIRE.

402 graphics workstation
station de travail graphique
poste graphique

Station de travail qui peut AFFICHER et gérer des informations graphiques aussi bien que des données alphanumériques.

403 grey level
niveau de gris

404 grey range
gamme de gris

405 grey scale [halftone step scale]
échelle de gris

Gamme des intensités de gris, allant du blanc au noir, que l'on utilise comme attribut graphique pour donner une apparence différente à une image affichée sur un écran monochrome ou à une image imprimée en noir et blanc.

406 grey scale image
image avec échelle des gris
Voir ÉCHELLE DE GRIS.

407 grey-level picture
image à niveau de gris

408 grey-scale monitor
écran à niveau de gris

Écran monochrome noir et blanc, permettant d'afficher l'ÉCHELLE DE GRIS. *Voir ÉCHELLE DE GRIS.*

409 grey-scale scanning
numérisation à niveau de gris

410 grid
grille
trame graduée

Matrice composée de deux jeux de lignes parallèles, orthogonales deux à deux, régulièrement espacées.

411 halfline

ligne de mi-hauteur

Une ligne horizontale entre la LIGNE DE BASE et la LIGNE DE CRÊTE telle qu'une chaîne de caractères horizontale apparaîtra centrée dans la direction verticale. Toutes les lignes de mi-hauteur occupent la même position dans les CORPS DE CARACTÈRE d'une même police.
Voir LIGNE DE BASE, LIGNE DE CRÊTE, CORPS DU CARACTÈRE, ASCENDANTE, DESCENDANTE.

412 halftone

demi-teinte

Image qui contient des niveaux intermédiaires de SATURATION.

413 halftone step scale [grey scale]

échelle de gris

Gamme des intensités de gris, allant du blanc au noir, que l'on utilise comme attribut graphique pour donner une apparence différente à une image affichée sur un écran monochrome ou à une image imprimée en noir et blanc.

414 halftoning
création de grisés
création de demi-teintes
Voir DEMI-TEINTE.

415 hand-drawn sketch [freehand sketch]
esquisse dessinée à la main

416 hand-held scanner
numériseur à main
scanner à main
Voir NUMÉRISEUR.

417 hardware
matériel (ensemble des ressources physiques)

Par opposition à logiciel, ensemble des ressources physiques d'une installation (l'UNITÉ CENTRALE, la TABLETTE GRAPHIQUE, le clavier, l'écran, le disque dur, la SOURIS sont par exemple certaines des parties matérielles d'une station de travail graphique).

418 hatch style [hatch interior style]
style de hachurage
style de remplissage hachuré

Format de remplissage des figures fermées. Un type de hachurage est composé d'un ou de plusieurs ensembles de lignes parallèles qui composent l'intérieur de la figure en question.

419 hazy [blurred] [fuzzy]

flou
Voir IMAGE FLOUE, FLOU DE MOUVEMENT.

420 hermite

hermite

Mode d'interpolation d'une courbe effectuant un lissage de la courbe interpolée. Le mode Hermite permet la manipulation des vecteurs tangents à la courbe à chaque POINT DE CONTRÔLE, ainsi que la possibilité de définir des cassures (points d'inflexion) à la jonction des segments de courbe lorsque la courbe interpolée est formée par la juxtaposition de plusieurs segments distincts.
POINT DE CONTRÔLE, POINT DE CASSURE, INFLEXION D'UNE COURBE.

421 hidden line

ligne cachée

Ligne ou segment de ligne que l'on peut masquer dans une vue d'un OBJET tridimensionnel.
Voir ÉLIMINATION DES LIGNES CACHÉES.

422 hidden surface

partie cachée
(sur)face cachée

423 hidden-line processing

traitement des lignes cachées
Voir ÉLIMINATION DES LIGNES CACHÉES.

424 hidden-line removal [hidden-line elimination]

élimination des lignes cachées

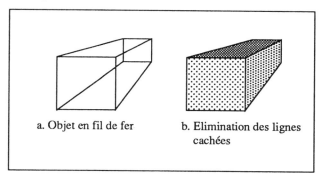

a. Objet en fil de fer

b. Elimination des lignes cachées

La suppression des lignes cachées se fait par des algorithmes spécifiques en éliminant les lignes ou ARÊTEs de l'objet graphique afin de donner aux OBJETs leur opacité et volume naturels. Cette technique d'élimination est le passage d'un modèle en fil de fer à un volume opaque masquant les objets situés derrière lui.
Voir ÉLIMINATION DES PARTIES CACHÉES, ALGORITHME D'ÉLIMINATION DES PARTIES CACHÉES.

425 hidden-surface computation
calcul des parties cachées
calcul des (sur)faces cachées

426 hidden-surface processing
traitement des parties cachées
traitement des (sur)faces cachées

427 hidden-surface removal algorithm
algorithme d'élimination des parties cachées
algorithme de suppression des (sur)faces cachées

L'ÉLIMINATION DES PARTIES CACHÉES consiste à déterminer les lignes, les côtés, les surfaces ou les volumes qui sont visibles pour un observateur situé en un point donné de l'espace, ou qui lui sont invisibles. Plusieurs algorithmes d'élimination des parties cachées ont été développés à partir des bases géométriques différentes. L'efficacité d'un algorithme d'élimination des parties cachées dépend de la précision du dessin, de la méthode des tris des facettes, de la détermination des frontières des surfaces courbes et du temps d'exécution.
Voir ÉLIMINATION DES PARTIES CACHÉES, ÉLIMINATION DES LIGNES CACHÉES, Z-BUFFER.

428 hidden-surface removal [hidden-surface elimination]
élimination des parties cachées
élimination des (sur)faces cachées

Le but de l'élimination des parties cachées est de déterminer les lignes, les côtés, les surfaces ou les volumes qui sont visibles pour un observateur situé en un point donné de l'espace, ou qui lui sont invisibles. Cette opération est suivie du remplissage des surfaces en utilisant des effets d'illumination et de TEXTURE permettant d'aboutir à une image au réalisme d'une photographie.
Voir ÉLIMINATION DES LIGNES CACHÉES, ALGORITHME D'ÉLIMINATION DES PARTIES CACHÉES, TEXTURE, Z-BUFFER.

429 hidden-surface visibility

visibilité des parties cachées
visibilité des (sur)faces cachées

430 hiding [shielding] [reverse clipping]

masquage

Suppression de tous les ÉLÉMENTs GRAPHIQUEs qui se trouvent à l'intérieur d'une limite donnée dans une zone d'écran. Lorsqu'une zone est masquée, aucune donnée ne peut y apparaître. L'inverse du masquage est le DÉCOUPAGE, qui consiste à extraire une portion d'une image qui doit être visualisée à l'intérieur d'une fenêtre dans une zone d'écran.
Voir DÉCOUPAGE.

431 high angle shot

plan en plongée

Prise de vue de la CAMÉRA virtuelle faite de haut en bas dans une scène de synthèse.
Voir CAMÉRA, VUE EN CONTRE-PLONGÉE.

432 high resolution

haute résolution

433 high-resolution screen

écran à haute résolution
Voir DÉFINITION DE L'ÉCRAN.

434 high-resolution texture

texture à haute résolution

435 highlight (to)

mettre en évidence

Faire ressortir une image ou une partie d'une image affichée à l'écran par la modification de ses attributs graphiques. Le clignotement, l'affichage en négatif et la surbrillance sont des exemples de mise en évidence.

436 HLS (Hue, Lightness, Saturation)

HLS (teinte, luminosité, saturation)

Modèle de composition de couleur basé sur un espace chromatique qui génère les couleurs à l'aide de 6 couleurs réparties dans un double cône. Les 6 couleurs sont les suivantes : rouge, vert, bleu, jaune, cyan et magenta. Chacune des couleurs est composée en trois paramètres : teinte, luminosité et saturation. La teinte (par exemple vert, bleu) est spécifique à la notion de couleur. La luminosité correspond à l'intensité lumineuse. La saturation quant à elle correspond au degré de pureté de la couleur.

Voir MODÈLE DE COULEURS CMJ, MODÈLE DE COULEURS RVB, SYSTÈME DE COULEURS D'OSTWALD, COULEURS PRIMAIRES ADDITIVES, COULEURS PRIMAIRES SOUSTRACTIVES.

437 hollow interior style
style de remplissage vide

Représentation de remplissage vide des primitives de polygones ou d'ensemble de polygones. Sur l'image apparaissent seulement les limites des polygones y compris les limites résultant du DÉCOUPAGE.

Voir MOTIF DE REMPLISSAGE, REMPLISSAGE, REMPLISSAGE D'UNE SURFACE, STYLE DE REMPLISSAGE DU POLYGONE, STYLE DE HACHURAGE.

438 homogeneous coordinates
coordonnées homogènes

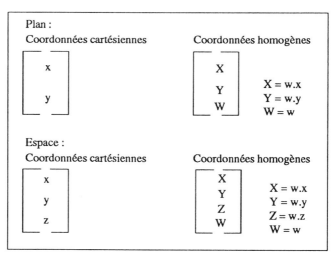

Les coordonnées homogènes permettent de représenter les points à l'infini. La représentation universelle d'une transformation linéaire par une matrice carrée correspond à l'usage des coordonnées homogènes. Un point d'un espace à n dimensions est décrit par un vecteur de n+1 coordonnées. La coordonnée supplémentaire est appelée W et sa valeur FACTEUR D'ÉCHELLE qui doit être différente de zéro. En pratique, on choisit W=1.

439 horizontal coordinates
coordonnées horizontales

440 horizontal flip
rotation horizontale (de l'image)

441 horizontal plane
plan horizontal

442 horizontal scrolling
défilement horizontal

Défilement de l'image seulement vers la droite ou vers la gauche.
Voir DÉFILEMENT, DÉFILEMENT VERTICAL.

443 horizontal section
coupe horizontale

444 HSV (Hue, Saturation , Value)
HSV (teinte, saturation, valeur)
Un modèle de couleur.
Voir HLS.

445 hue [color shade]
teinte
nuance de couleur
tonalité chromatique

La teinte est l'attribut d'une couleur que l'on nomme vert, jaune, bleu, etc. Une couleur qui ne possède pas de teinte est dite couleur achromatique.
Voir COULEUR ACHROMATIQUE, COULEUR CHROMATIQUE, SYSTÈME DE COULEURS DE MUNSELL, CMJ, RVB, COULEURS PRIMAIRES ADDITIVES, COULEURS PRIMAIRES SOUSTRACTIVES, SATURATION.

446 icon

icône

Symbole graphique affiché sur un écran et que l'utilisateur peut désigner au moyen d'un DISPOSITIF DE DÉSIGNATION tel qu'une SOURIS afin de sélectionner une FONCTION GRAPHIQUE ou une application logicielle.

Note. — Cette entité graphique n'est pas un OBJET graphique.

447 identify (to)

désigner
identifier
Voir DISPOSITIF DE DÉSIGNATION.

448 IGES, Initial Graphics Exchange Specification

IGES

IGES est le sigle de Initial Graphics Exchange Specification qui est un format de fichier standard destiné à l'exportation des données graphiques sur des logiciels CAO.
Voir GIF, CGM.

449 illuminant

illuminant

Rayonnement dont la répartition spectrale relative d'énergie est définie dans le domaine des longueurs d'ondes capables d'influencer la perception de la couleur des OBJETs graphiques.

450 illumination level

niveau d'éclairement
degré d'éclairement

451 illumination model [lighting model]

modèle d'éclairement

Pour le rendu d'une image de synthèse, un algorithme d'éclairement est requis pour décrire comment la lumière est émise, réfléchie, transmise et absorbée. Des modèles simples d'éclairement peuvent adresser uniquement les réflexions spéculaires et/ou diffuses tandis que les modèles de LANCER DE RAYONS et de RADIOSITÉ peuvent simuler des scènes beaucoup plus complexes.
Voir LISSAGE, LISSAGE POLYGONAL, LISSAGE DE GOURAUD, LISSAGE DE PHONG, LANCER DE RAYONS et RADIOSITÉ.

452 illumination position

position de l'éclairement

453 illumination source [lighting source]

source d'éclairement
source de lumière

En image de synthèse, une source de lumière est une source virtuelle d'éclairement qui a, comme dans la réalité, une direction et une intensité. Elle peut être fixe ou asservie à un mouvement le long d'une trajectoire.

Note. — Une source de lumière peut être ambiante, dirigée, ponctuelle ou concentrée.
Voir PARAMÈTRES DE LA LUMIÈRE.

454 illumination [lighting] [illuminance]

éclairement
illumination

Application de lumière à une scène de synthèse, à des OBJETs graphiques ou à leur entourage pour qu'ils puissent être vus.

455 image acquisition
acquisition d'images

456 image and sound synchronization
synchronisation image-son

Apport d'éléments sonores à un film d'animation, en parallélisme exact avec les images de synthèse. On dit d'un son qu'il est synchrone lorsqu'il correspond précisément à un effet visible à l'image (bruit synchrone, parole synchrone).
Voir SYNCHRONISATION DES MOUVEMENTS DES LÈVRES.

457 image bank
banque d'images
Voir BASE DE DONNÉES GRAPHIQUES.

458 image capture device [image acquisition device]
dispositif d'acquisition d'images

459 image clipping
découpage de l'image
détourage de l'image
Voir DÉCOUPAGE.

460 image compression
compression d'image

Opération qui consiste à réduire le volume de la chaîne de bits d'une image. Elle est comprimée par des procédés de codage sans perte d'information afin d'améliorer l'occupation mémoire et/ou la vitesse de transmission. La restitution de l'image à l'écran requiert une décompression (reconstitution de la chaîne de bits d'origine).
Note. — Le TAUX DE COMPRESSION est le rapport entre le nombre de bits avant et après compression.

461 image decompression
décompression d'image
Voir COMPRESSION D'IMAGE.

462 image dissolve effect
effet du fondu enchaîné

Effet visuel par lequel une scène de synthèse semble graduellement s'estomper tandis qu'une autre apparaît progressivement à l'écran pour la remplacer. En animation, cette technique est souvent utilisée pour suggérer les changements de lieu.

463 image duplication
reproduction de l'image

FONCTION GRAPHIQUE permettant de dupliquer une image existante affichée sur l'écran.

464 image fade-in
apparition graduelle de l'image

Effet visuel où l'image de synthèse dans un film d'animation apparaît graduellement en sortant du noir.

465 image fade-out
disparition graduelle de l'image

Effet visuel où l'image de synthèse dans un film d'animation disparaît graduellement dans l'obscurité.

466 image memory [frame buffer] [frame store]
mémoire d'image

Une mémoire d'image sert à stocker les attributs (l'intensité) de chaque PIXEL de l'espace image. Cette mémoire se présente comme une matrice d'information. La taille de la matrice correspond à la résolution du terminal et chaque information est un ÉLÉMENT D'IMAGE ou PIXEL.

467 image overlapping
chevauchement d'images
recouvrement partiel d'images

468 image per second
images par seconde

Unité de mesure de la cadence de projection d'un film d'animation, c'est-à-dire du nombre d'images défilant en une seconde d'animation.

Note. — 1 seconde d'animation = 25 images vidéo ou 24 images film.

469 image [picture] [frame]
image

Ensemble d'ÉLÉMENTs GRAPHIQUES ou de groupes graphiques présentés simultanément sur une SURFACE D'AFFICHAGE.
Voir ÉLÉMENT GRAPHIQUE.

470 image realism
réalisme de l'image

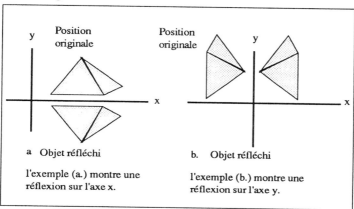

Ressemblance d'un OBJET graphique avec le modèle réel.

471 image reflection
réflexion de l'image

FONCTION GRAPHIQUE qui permet de produire un OBJET graphique symétrique par rapport à un AXE de réflexion.

472 image refreshing
rafraîchissement d'image
entretien de l'image

Procédé qui consiste à produire de manière répétée une image sur un écran afin que l'image reste visible et claire et éviter ainsi tout effet indésirable de PAPILLOTEMENT.
Voir FRÉQUENCE DE RAFRAICHISSEMENT, PAPILLOTEMENT.

473 image regeneration
régénération d'image

Suite des événements nécessaires pour produire une image d'après sa représentation en mémoire.

474 image rendering realism
réalisme du rendu de l'image

Ressemblance exacte d'un OBJET graphique avec le modèle réel.

475 image retouching
retouche d'image

476 image retrieval
recherche d'images
accès aux images

Dans une base de données ou un fichier graphique, fonction qui permet de rechercher une image préalablement stockée.

477 image rotation
rotation de l'image

Transformation qui consiste à faire pivoter une image sur un écran autour d'un AXE fixe.
Voir TRANSFORMATION GÉOMÉTRIQUE.

478 image scrolling
défilement de l'image

Déplacement horizontal ou vertical de l'image affichée à l'écran qui laisse place à des nouvelles parties de l'image à mesure que les anciennes disparaissent.

479 image translation
translation de l'image

Application d'un déplacement constant d'une image affichée à l'écran en se servant de ses coordonnées géométriques et en les préservant.
Voir TRANSFORMATION GÉOMÉTRIQUE.

480 image warping
transformation géométrique d'une image

481 imagery
imagerie

Ensemble des techniques (matériel et logiciel) permettant de concevoir, d'afficher, de manipuler et de traiter des images. L'imagerie est souvent typique d'un domaine donné ; par exemple l'imagerie médicale.

482 inbetween calculation

calcul de l'interpolation

Temps mis par l'ordinateur à calculer les IMAGEs INTERMÉDIAIREs entre deux DESSINs CLÉs en se basant sur le premier et le dernier dessin afin de reconstituer un mouvement cohérent.
Voir INTERPOLATION LINÉAIRE.

483 inbetween [intermediate frame]

image intermédiaire
image par interpolation

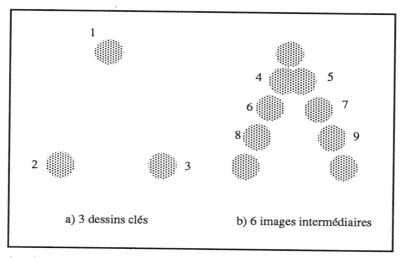

a) 3 dessins clés   b) 6 images intermédiaires

En animation par ordinateur, images calculées par le logiciel d'animation entre deux DESSINs CLÉs (ou plus) en se basant sur le premier dessin et le dernier dessin pour une INTERPOLATION LINÉAIRE.
Pour des interpolations plus complexes, il faudra plus de dessins (par exemple spline).
Voir ANIMATION PAR INTERPOLATION, INTERPOLATION LINÉAIRE, DESSIN CLÉ.

484 incident light

lumière incidente

La lumière provenant d'une source lumineuse et frappant une surface est appelée lumière incidente.
La LUMIÈRE INCIDENTE sur une surface = lumière réfléchie + lumière dispersée + lumière absorbée + lumière transmise.

La lumière incidente est souvent représentée par ses niveaux de rouge, vert et bleu et le calcul du LISSAGE est effectué individuellement à partir de ces trois composantes.
Voir LUMIÈRE AMBIANTE, ANGLE D'INCIDENCE, ANGLE DE RÉFLEXION, ANGLE DE RÉFRACTION.

485 incoherent light scattering
dispersion incohérente de la lumière
diffusion incohérente de la lumière

486 increment size
pas
incrément

Distance entre deux POSITIONS ADRESSABLES adjacentes sur une SURFACE D'AFFICHAGE.

487 incremental coordinate
coordonnée par accroissement

COORDONNÉE RELATIVE utilisant comme référence la position précédemment adressée.

488 indexed color
couleur indexée

Système de sélection de couleurs dans lequel un index de couleur sert à retrouver une valeur de couleur dans une TABLE DES COULEURS.
Voir COULEUR DIRECTE.

489 indirect illumination
éclairement indirect

490 indirect light flux [indirect luminous flux]
flux lumineux indirect

Flux lumineux reçu d'une source lumineuse par un objet graphique après réflexion par d'autres surfaces.
Voir FLUX LUMINEUX, FLUX LUMINEUX DIRECT.

491 infinite light-source
source lumineuse à l'infini

Une source infinie permet d'éclairer la scène uniformément. Tous les OBJETs de la scène sont éclairés dans la direction spécifiée. La source infinie est définie en intensité et en couleur par synthèse additive des valeurs rouge, vert et bleu.

492 ink bubble printer
imprimante à bulle d'encre

493 ink jet plotter
traceur à jet d'encre

494 ink jet printer
imprimante à jet d'encre

Grâce à un principe électroacoustique ou thermique, une gouttelette microscopique est expulsée à grande vitesse de la tête d'impression sur le papier. La tête d'impression de certaines imprimantes est incorporée à la cartouche d'encre, cette unité étant changée dès que l'encre a été consommée.
Voir IMPRIMANTE COULEUR À JET D'ENCRE, IMPRIMANTE À LASER.

495 input device
dispositif d'entrée

En infographie, les dispositifs d'entrée sont les TABLETTEs GRAPHIQUEs, le PHOTOSTYLE, la SOURIS, l'ÉCRAN TACTILE, etc.
Voir DISPOSITIF DE DÉSIGNATION.

496 input primitive
primitive d'entrée

Donnée obtenue à partir d'un DISPOSITIF D'ENTRÉE tel qu'un clavier, un sélecteur, un RELEVEUR DE COORDONNÉES, un DISPOSITIF DE DÉSIGNATION.

497 intensity
intensité

498 intensity gradation
dégradé d'intensité

Variation progressive d'une intensité lumineuse sur un OBJET graphique.

499 intensity interpolation shading [Gouraud shading] [color interpolation shading]

lissage par interpolation bilinéaire
lissage de Gouraud
lissage par interpolation de la couleur
Voir LISSAGE DE GOURAUD.

500 intensity level

niveau de l'intensité

501 intensity resolution

résolution de l'intensité

La résolution de l'intensité d'un DISPOSITIF D'AFFICHAGE est le nombre maximal des niveaux d'intensité, ce niveau dépend du nombre de BITs alloués à chaque PIXEL.

502 interactive animation

animation interactive
Voir ANIMATION.

503 interactive computer graphics

infographie interactive

Qualifie les matériels graphiques, les applications infographiques ou les conditions d'exploitation qui permettent des actions réciproques en mode dialogué avec des utilisateurs ou en temps réel avec des appareils.
Voir INFOGRAPHIE.

504 interactive graphics application

application infographique interactive
Voir INFOGRAPHIE INTERACTIVE.

505 interchangeable pen (of plotter)

plume interchangeable (d'un traceur)
Voir PLUME, TABLE TRAÇANTE.

506 interest point

point de mire

Le point de mire est le point vers lequel la CAMÉRA virtuelle est dirigée.
Voir CAMÉRA, POSITION DE L'ŒIL, CAMÉRA, ORIENTATION DE LA CAMÉRA.

507 interlace (to) [interleave (to)]
entrelacer
Voir ENTRELACEMENT.

508 interlaced scanning
balayage entrelacé
Voir ENTRELACEMENT.

509 interlacing
entrelacement
entrelaçage

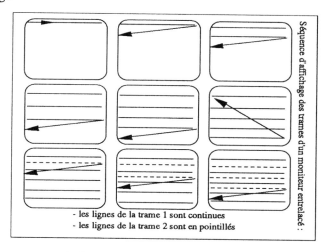

- les lignes de la trame 1 sont continues
- les lignes de la trame 2 sont en pointillés

Séquence d'affichage des trames d'un moniteur entrelacé :

La vidéo est une technique de balayage de trame. Ainsi, il y a 2 trames ou ensembles de lignes, qui sont entrelacées, c'est-à-dire qui vont être affichées tour à tour. La trame 1 contient toutes les lignes impaires, et la trame 2, les lignes paires. Le motif de balayage débute dans le coin supérieur gauche avec les lignes impaires et trace la première ligne et toutes les autres lignes de la trame 1, puis la seconde ligne et toutes les autres lignes de la trame 2. La figure représentée ci-dessus montre une séquence d'affichage des trames d'un moniteur entrelacé.

510 interleaved texture [interlaced texture]
texture entrelacée

Les textures provenant d'une source vidéo sont entrelacées contrairement aux TEXTUREs CALCULÉEs.
Voir TEXTURE, TEXTURE CALCULÉE, PLACAGE DE TEXTURE, PLACAGE DE RUGOSITÉ.

511 intermediate frame [inbetween]
image par interpolation
image intermédiaire
Voir IMAGE INTERMÉDIAIRE.

512 interobject reflections
réflexions interobjets
Voir PLACAGE D'ENVIRONNEMENT.

513 interpenetration
interpénétration

Deux OBJETs graphiques qui se pénètrent réciproquement.

514 interpolated curve
courbe d'interpolation

FONCTION GRAPHIQUE qui permet de dessiner une COURBE reliée à des
POINTs DE CONTRÔLE prédéfinis.
Voir COURBE D'APPROXIMATION.

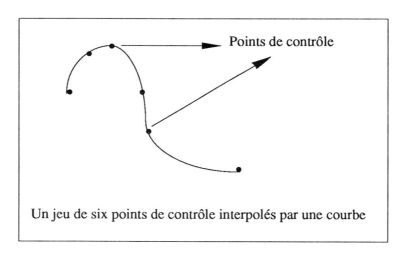

Un jeu de six points de contrôle interpolés par une courbe

515 interpolated spline
spline d'interpolation
Voir COURBE D'INTERPOLATION.

516 interpolated transparency

interpolation de la transparence

FONCTION GRAPHIQUE qui consiste à interpoler linéairement un POLY-GONE représentant un OBJET graphique d'une matière fine et opaque pour que d'autres objets puissent être vus à travers ce polygone.

517 interpolation animation

animation par interpolation

Méthode d'animation par ordinateur selon laquelle l'ordinateur calcule les IMAGEs INTERMÉDIAIREs entre deux dessins en se basant sur les premier et dernier dessins afin de reconstituer un mouvement cohérent.
Voir IMAGE INTERMÉDIAIRE.

518 interpolation techniques

techniques d'interpolation
Voir ANIMATION PAR INTERPOLATION, COURBE D'INTERPOLATION.

519 interreflections

interréflexions
réflexions mutuelles

Ensemble des réflexions du rayonnement entre plusieurs surfaces réfléchissantes. Pour calculer ces interréflexions diffuses, il faudra utiliser l'algorithme de RADIOSITÉ qui détermine l'intensité lumineuse de chaque élément de surface en fonction de l'intensité reçue de chaque autre élément. Ce MODÈLE D'ÉCLAIREMENT utilise le principe de la conservation de l'énergie pour déterminer précisément l'intensité lumineuse qui éclaire chaque surface, dans une scène composée de sources de lumière diffuses et de surfaces réfléchissantes.
Voir RADIOSITÉ, MODÈLE D'ÉCLAIREMENT.

520 jaggies
irrégularités (des traits)
effets de marches d'escalier
Voir CRÉNELAGE.

521 joining Bézier curve segments
segments de courbe de Bézier connectés
courbe de Bézier par morceaux

Étant donné qu'un contrôle local sur un segment d'une COURBE DE BÉZIER n'est pas permis, il est cependant possible de juxtaposer plusieurs segments indépendants de courbes de Bézier pour se libérer de la contrainte du contrôle global.

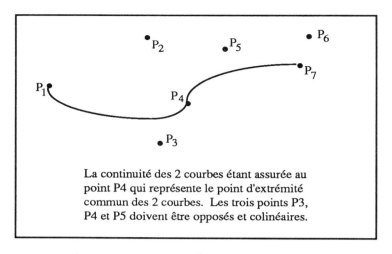

La continuité des 2 courbes étant assurée au point P4 qui représente le point d'extrémité commun des 2 courbes. Les trois points P3, P4 et P5 doivent être opposés et colinéaires.

Voir COURBE DE BÉZIER, SURFACE DE BÉZIER, B-SPLINE, β-SPLINE.

522 joint

articulation (d'un être de synthèse)

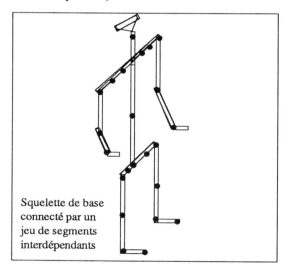

Squelette de base connecté par un jeu de segments interdépendants

En animation par ordinateur, la notion de l'articulation lors de la phase de modélisation (d'un objet articulé : corps humain, animal, robot, etc.) est importante. Elle est l'intersection de deux segments interdépendants, c'est-à-dire le point d'un squelette où un membre du corps lié à ce point peut bouger. La structure animée

est définie comme une hiérarchie de segments reliés par des joints articulés. L'angle qui se trouve entre les deux segments est l'angle d'articulation.
Voir ANIMATION DU CORPS, CINÉMATIQUE.

523 joint angle
angle d'articulation
Voir ARTICULATION, ANIMATION DU CORPS.

524 joystick
manche à balai
manette de jeu

Manche construit à partir de deux potentiomètres, l'un répondant à la composante selon l'AXE X du déplacement du manche, l'autre selon l'AXE Y. Il sert de DISPOSITIF D'ENTRÉE, le plus souvent comme RELEVEUR DE COORDONNÉES ou DISPOSITIF DE DÉSIGNATION.

Note. — Ce dispositif est utilisé notamment dans les jeux électroniques et les simulateurs de vol.

525 JPEG, Joint Photographic Expert Group
JPEG

Norme ISO définissant l'algorithme de compression/décompression et de codage d'images numériques fixes en couleurs et à niveaux de gris (y compris les images vidéo). La norme JPEG est aussi un format d'échange permettant aux images comprimées d'être échangées entre plusieurs environnements applicatifs. le MPEG est une norme ISO définissant l'algorithme de compression/décompression d'images numériques animées.
Voir MPEG.

526 key light
lumière de base

527 keyframe
image clé
dessin clé

En animation par ordinateur, image servant de repère pour permettre le calcul d'IMAGES INTERMÉDIAIRES par l'ordinateur.
Voir INTERPOLATION, IMAGE INTERMÉDIAIRE, ANIMATION PAR INTERPOLA-TION, ANIMATION PAR IMAGES CLÉS.

528 keyframe animation
animation par images clés

En animation par ordinateur, l'animation par IMAGEs CLÉs est la méthode la plus simple et la plus primitive. On fournit à l'ordinateur une série d'images à des temps donnés, et l'ordinateur calcule les IMAGEs INTERMÉDIAIREs par INTERPOLATION. Cette méthode permet de transformer une forme géométrique en une autre lors d'une animation.
Voir INTERPOLATION, ANIMATION, ANIMATION ALGORITHMIQUE, ANIMATION IMAGE PAR IMAGE, ANIMATION PAR INTERPOLATION ALGORITHMIQUE.

529 keyframe intervals

intervalles des images clés
Voir ANIMATION PAR INTERPOLATION, INTERPOLATION, IMAGES INTERMÉ-DIAIRES, ANIMATION PAR IMAGES CLÉS.

530 kinematic

cinématique

La cinématique a pour objet la description des mouvements et l'étude de la trajectoire des mobiles. Il existe des logiciels spécifiquement destinés à l'animation d'objets articulés — êtres de synthèse, robots, animaux — basée sur la cinématique inverse. L'animation ainsi créée est souvent insérée dans un programme d'animation plus général.
Voir ANIMATION DU CORPS, ARTICULATION.

531 laser printer
imprimante à laser

Les imprimantes à laser sont basées sur une technologie dérivée des photocopieurs. La lumière provenant d'un rayon laser balaie horizontalement la surface du cylindre en rotation. Le cylindre, en sélénium, se charge électrostatiquement sur les parties éclairées, attirant ainsi des particules de poudre contenues dans le bain de développement. Les particules sont transférées électrostatiquement sur le papier, puis sont fixées thermiquement.

Note. — L'imprimante à laser est caractérisée par sa grande qualité d'impression (300-400-600 points/pouce), sa rapidité, son fonctionnement silencieux et elle présente l'avantage important d'utiliser du papier normal.
Voir IMPRIMANTE À JET D'ENCRE, IMPRIMANTE COULEUR À JET D'ENCRE.

532 LED display
affichage à diodes électroluminescentes
Voir DIODE ÉLECTROLUMINESCENTE.

533 LED, light-emitting diode
DEL, diode électroluminescente

Diode émettant un rayonnement optique sous l'action d'un courant électrique.

534 lerp (Linear intERPolation)
Voir INTERPOLATION LINÉAIRE.

535 level of transparency
niveau de transparence

Indice qui, dans une scène de synthèse, détermine le degré de transparence d'un OBJET graphique.

536 life-sized [full-scale] [full-sized]
grandeur nature

OBJET graphique modélisé aux dimensions réelles de l'objet représenté.

537 light
lumière

538 light absorption
absorption de la lumière

Phénomène par lequel l'énergie rayonnante est absorbée par sa transformation en une autre forme d'énergie par interaction avec la matière d'une surface, ce qui se traduit par la disparition apparente d'une partie de l'énergie incidente. Lorsqu'une surface absorbe une grande quantité de lumière, et n'en réfléchit que très peu, elle apparaît foncée.
Voir RÉFLEXION, RÉFLEXION SPÉCULAIRE, RÉFLEXION DIFFUSE, INTER-ACTIONS DE LA LUMIÈRE, LUMIÈRE INCIDENTE.

539 light area
zone de lumière

540 light color
couleur de la lumière
Voir COULEUR DE L'OBJET.

541 light computation
calcul de la lumière

542 light concentration
concentration de la lumière

543 light diffraction
diffraction de la lumière
Voir DIFFRACTION, DIFFRACTION SPÉCULAIRE.

544 light direction
direction de la lumière

545 light direction angle
angle de la direction de lumière

546 light distribution
répartition de la lumière
distribution de la lumière

547 light flux
flux lumineux

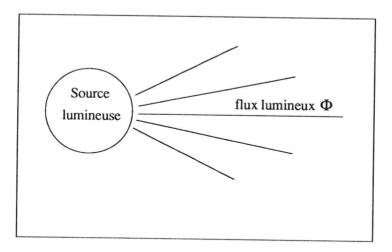

Le flux lumineux Φ d'une source représente la puissance lumineuse rayonnée par celle-ci, et évaluée par l'œil. Il s'exprime en lumens (lm).
Voir FLUX LUMINEUX DIRECT, FLUX LUMINEUX INDIRECT.

548 light intensity
intensité de la lumière

L'intensité lumineuse I représente la "force" de la lumière. Elle dépend de l'amplitude de l'onde et définit l'intensité du rayonnement dans une direction donnée. Elle s'exprime en CANDELAs (cd). $I = \dfrac{\Phi}{\omega}$.
Voir CANDELA.

549 light interactions
interactions de la lumière (sur une surface)

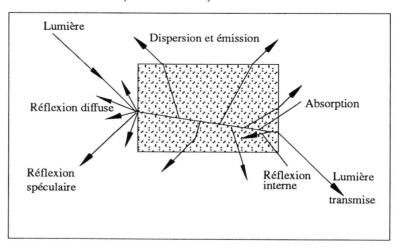

Voir RÉFLEXION SPÉCULAIRE, RÉFLEXION DIFFUSE, RÉFLEXION DE LA LUMIÈRE, ABSORPTION, TRANSMISSION, DISPERSION.

550 light level
niveau de la lumière

Indice qui, dans une scène de synthèse, détermine l'intensité lumineuse.

551 light modeling
modélisation de la lumière

552 light parameters
paramètres de la lumière

Il existe généralement quatre sortes de sources virtuelles pouvant éclairer une scène graphique tridimensionnelle :

1. lumière ambiante caractérisée par son intensité ;
2. source lumineuse dirigée caractérisée par son intensité et sa direction ;
3. source de lumière ponctuelle caractérisée par son intensité et sa position ;
4. lumière concentrée caractérisée par son intensité, sa position, sa direction et son indice de concentration.

553 light path
trajectoire de la lumière

La trajectoire rectiligne d'un rayon, ou d'un faisceau lumineux, ne peut être modifiée que par la présence d'un obstacle dans une scène graphique. La nature de cet obstacle conditionne la modification de cette trajectoire. Selon le cas, le rayon sera : réfléchi, absorbé, transmis, diffracté ou réfracté.
Voir LUMIÈRE RÉFLÉCHIE, LUMIÈRE ABSORBÉE, LUMIÈRE TRANSMISE, LUMIÈRE REFRACTÉE, INDICE DE REFLECTANCE, REFRACTION, TRANSMISSION.

554 light pen
photostyle
crayon optique
pointeur optique

Dispositif graphique d'entrée photosensible utilisé pour désigner un ÉLÉMENT GRAPHIQUE ou un OBJET sur la SURFACE D'AFFICHAGE d'un écran. Il est basé sur la détection d'un signal lumineux émis par un écran et sa transformation en impulsion électrique par un photodétecteur.

Note. — Le photostyle est l'un des premiers dispositifs interactifs graphiques d'entrée qui ait été utilisé. Le principal inconvénient de ce dispositif est son manque de précision. Il est surtout employé pour désigner des fonctions d'un menu affiché à l'écran.
Voir STYLET, CURSEUR RÉTICULAIRE, ÉLÉMENT GRAPHIQUE, OBJET.

555 light ray
rayon de lumière
trait de lumière

556 light ray deflection
inflexion d'un rayon lumineux

Endroit où le rayon lumineux change de sens sur un objet graphique.

557 light reflection
réflexion de la lumière

Phénomène de renvoi d'un rayonnement par un OBJET graphique.

Note. — La réflexion de la lumière peut être de deux types :
1. la réflexion spéculaire
2. la réflexion diffuse.
Voir RÉFLEXION SPÉCULAIRE, RÉFLEXION DIFFUSE, INTERACTIONS DE LA LUMIÈRE.

558 light scattering
dispersion de la lumière
diffusion de la lumière

Phénomène par lequel la répartition spatiale d'un faisceau de rayonnement est changée lorsque le faisceau est dévié dans de multiples directions par un OBJET graphique ayant des propriétés diffusantes.
Voir RÉFLEXION DIFFUSE, COEFFICIENT DE DIFFUSION.

559 light source
source de lumière
source d'éclairement

En image de synthèse, une source de lumière est une source virtuelle d'éclairement qui a, comme dans la réalité, une direction et une intensité. Elle peut être fixe ou asservie à un mouvement le long d'une trajectoire.

Note. — Une source de lumière peut être ambiante, dirigée, ponctuelle ou concentrée.
Voir PARAMÈTRES DE LA LUMIÈRE.

560 light source direction
direction de la source de lumière

Une LUMIÈRE AMBIANTE baigne la scène uniformément dans toutes les directions tandis que la lumière dirigée, la lumière répartie et à effet de projecteur nécessite un VECTEUR pour établir la direction de la lumière.
Voir SOURCE DE LUMIÈRE DIRIGÉE, SOURCE DE LUMIÈRE PONCTUELLE, SOURCE DE LUMIÈRE DIRIGÉE, SOURCE DE LUMIÈRE RÉPARTIE.

561 light source intensity
intensité de la source lumineuse
Voir INTENSITÉ DE LA LUMIÈRE.

562 light-emitting diode, LED
diode électroluminescente, DEL

Diode émettant un rayonnement optique sous l'action d'un courant électrique.

563 light-emitting source
source émettrice de lumière
Voir SOURCE RÉFLÉCHISSANTE DE LUMIÈRE.

564 light-pen detection [light-pen hit]
détection par photostyle

Désignation d'un ÉLÉMENT GRAPHIQUE ou d'un OBJET par le moyen d'un PHOTOSTYLE qui envoie les coordonnées (x, y) d'un point lorsqu'il est appuyé sur l'écran. Il est basé sur la détection d'un signal lumineux et sa transformation en impulsion électrique par un photodétecteur.

565 light-reflecting source
source réfléchissante de lumière

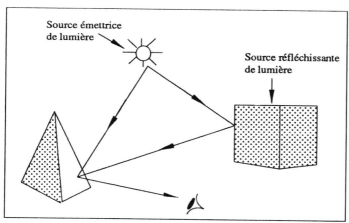

Surface qui, n'émettant pas de lumière par elle-même, reçoit de la lumière et la restitue, au moins partiellement, par RÉFLEXION ou par TRANSMISSION.
Voir ALBEDO, LUMIÈRE RÉFLÉCHIE, TRANSMISSION.

566 light-source color
couleur de la source lumineuse

La couleur et l'intensité de chaque source lumineuse sont définies par la synthèse additive des couleurs en rouge, vert et bleu.

567 light-source direction
direction de la source lumineuse

568 light-source location [light-source position]
position de la source lumineuse

569 light-source orientation
orientation de la source lumineuse

570 lighting computation
calcul de l'éclairement

571 lighting design
conception de l'éclairement

572 lighting effect
effet d'éclairement
jeu d'éclairage

573 lighting model [illumination model]
modèle d'éclairement

Pour le rendu d'une image de synthèse, un algorithme d'éclairement est requis pour décrire comment la lumière est émise, réfléchie, transmise et absorbée. Des modèles simples d'éclairement peuvent adresser uniquement les réflexions spéculaires et/ou diffuses tandis que les modèles de LANCER DE RAYONS et de RADIOSITÉ peuvent simuler des scènes beaucoup plus complexes.
Voir LISSAGE, LISSAGE POLYGONAL, LISSAGE DE GOURAUD, LISSAGE DE PHONG, LANCER DE RAYONS et RADIOSITÉ.

574 lighting [illumination] [illuminance]
éclairement

Application de lumière à une scène de synthèse, à des OBJETs graphiques ou à leur entourage pour qu'ils puissent être vus.

575 line type [line style]
type de trait
style de trait

Aspect indiquant le style d'une ligne ou d'un trait tels que :
– continu (plein)
– discontinu (composé de tirets)
– pointillé
– mixte (tiret suivi d'un point)
– etc.

576 Linear intERPolation (lerping) [inbetweening]
interpolation linéaire
liaisons entre images

Méthode d'animation par ordinateur selon laquelle l'ordinateur calcule les IMAGEs INTERMÉDIAIREs entre deux DESSINs CLÉs en se basant sur les premier et dernier dessins afin de reconstituer un mouvement cohérent.

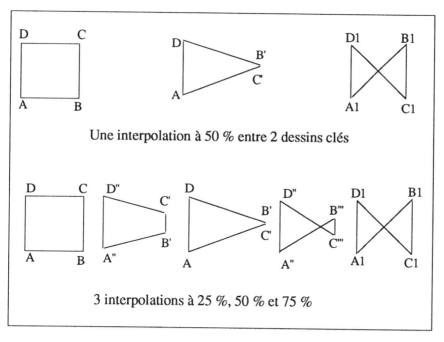

Une interpolation à 50 % entre 2 dessins clés

3 interpolations à 25 %, 50 % et 75 %

Voir IMAGE INTERMÉDIAIRE.

577 lines clipping
découpage de segments de droite

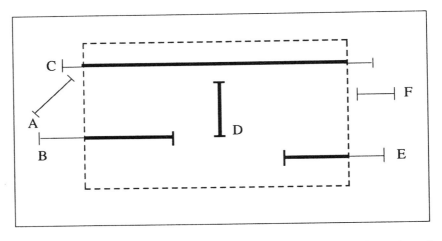

FONCTION GRAPHIQUE qui a pour objectif de déterminer les points, les SEGMENTs ou les portions de segments qui se trouvent à l'intérieur du REC-TANGLE DE DÉCOUPAGE en calculant le(s) point(s) d'intersection avec la clôture. La figure représente une scène à deux dimensions avec quelques cas de positions de segments de droite par rapport à la fenêtre. Les cas A et F correspondent à un segment entièrement extérieur et le cas D à un segment entièrement intérieur. Pour les cas B et E, qui correspondent à une seule extrémité interne, on ne tient compte que de la partie du segment allant de l'extrémité intérieure à son point d'intersection avec la clôture. Le cas de C correspond à un segment à deux extrémités externes qui forment 2 points d'intersection avec la CLÔTURE.
Voir DÉCOUPAGE, ALGORITHME DE DÉCOUPAGE, PLAN DE DÉCOUPAGE, ALGORITHME DE COHEN-SUTHERLAND, RECTANGLE DE DÉCOUPAGE, DÉCOUPAGE DE POLYGONE.

578 lip synchronization [lip-sync]
synchronisation des mouvements des lèvres

Mettre en concordance, dans un film d'animation, les mouvements des lèvres avec la parole.
Voir SYNCHRONISATION IMAGE-SON.

579 liquid-cristal display, LCD
écran à cristaux liquides

Écran constitué d'électrodes disposées sur deux plaques de verre parallèles enfermant un liquide. L'affichage ne fonctionne pas selon un principe d'émission de

lumière, mais seulement de réflexion, ce qui conduit à une très faible consommation. Par ailleurs les écrans à cristaux liquides sont de faible épaisseur. Ils sont composés des éléments indiqués dans la figure représentée ci-dessous.
Voir ÉCRAN GRAPHIQUE COULEUR, ÉCRAN TACTILE, ÉCRAN À PLASMA.

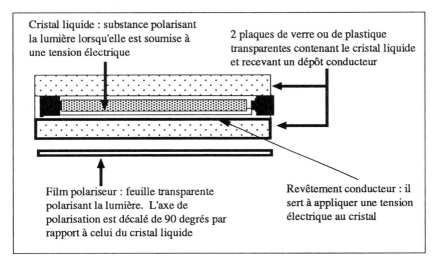

Cristal liquide : substance polarisant la lumière lorsqu'elle est soumise à une tension électrique

2 plaques de verre ou de plastique transparentes contenant le cristal liquide et recevant un dépôt conducteur

Film polariseur : feuille transparente polarisant la lumière. L'axe de polarisation est décalé de 90 degrés par rapport à celui du cristal liquide

Revêtement conducteur : il sert à appliquer une tension électrique au cristal

580 local color
couleur locale

Couleur propre à chaque objet situé dans une scène de synthèse indépendamment de la distribution de la lumière.

581 local illumination [local lighting]
éclairement local

Éclairement spécifiquement destiné à une tâche visuelle sur un OBJET, venant s'ajouter à un éclairement général d'une scène graphique.
Voir SOURCE LUMINEUSE LOCALE, ÉCLAIREMENT GLOBAL.

582 local light-source
source lumineuse locale

Éclairement direct conçu de façon à s'appliquer dans une scène graphique en fournissant une illumination accrue en certains lieux spécifiés.
Voir ÉCLAIREMENT LOCAL.

583 locator device

releveur de coordonnées
dispositif de localisation

Dispositif d'entrée fournissant les coordonnées d'une position.
Exemples : SOURIS, TABLETTE GRAPHIQUE, BOULE DE COMMANDE,
CURSEUR RÉTICULAIRE.

584 low-angle shot [tilt-up view]

plan en contre-plongée
vue en contre-plongée

Prise de vue de la CAMÉRA virtuelle faite de bas en haut dans une scène de
synthèse.
Voir CAMÉRA, PLAN EN PLONGÉE, MOUVEMENT VERTICAL.

585 luminance

luminance

1. Quotient de l'intensité lumineuse d'une surface par l'aire apparente de cette
surface, pour un observateur lointain.
2. En télévision, la luminance est le signal transmettant la BRILLANCE de chacun des PIXELs successifs constituant l'image.
Voir CHROMINANCE.

586 luminance coefficient [luminance factor]

coefficient de luminance
facteur de luminance

Indice qui, dans une scène de synthèse, augmente ou diminue la luminance d'un
OBJET graphique.

587 luminescence

luminescence

La luminescence est le phénomène présenté par certaines substances qui peuvent
émettre, sous forme de radiations lumineuses, une partie de l'énergie qu'elles ont
absorbée sous des formes diverses.

588 luminescent

luminescent
Voir LUMINESCENCE.

589 luminosity [lightness]
luminosité

Perception visuelle selon laquelle un objet graphique semble émettre plus ou moins de lumière. La luminosité varie selon l'éclairement, les couleurs et la nature de la surface de l'objet.

590 luminous color
couleur-lumière

Couleur perçue comme appartenant à une surface qui semble émettre la lumière comme une source primaire de lumière, ou qui semble réfléchir spéculairement une telle lumière.
Voir SOURCE DE LUMIÈRE RÉFLÉCHISSANTE.

591 luminous [bright]
lumineux

592 Mach band effect
effet de bande de Mach

Le physicien autrichien Ernst Mach a été le premier à décrire ce phénomène qui porte son nom dans lequel les régions d'intensité constante sont perçues d'intensité variable. Cet effet se produit quand la pente de la courbe représentative de l'intensité lumineuse varie d'une façon brusque. Si le point d'INFLEXION de la courbe de l'intensité est concave, la surface paraît plus claire ; si elle est convexe, la surface paraît par contre plus sombre.

593 main light [key light]
lumière principale

594 main shot
plan principal

595 map
mappage

Passage d'un système de coordonnées à un autre.
Voir PLACAGE DE TEXTURE.

596 mapped texture

texture plaquée
Voir PLACAGE DE TEXTURE.

597 matrix

matrice

598 maximum pen velocity (of plotter)

vitesse maximale (de traçage) de la plume

599 maximum ploting area

surface utile de traçage

600 mechanical mouse

souris mécanique

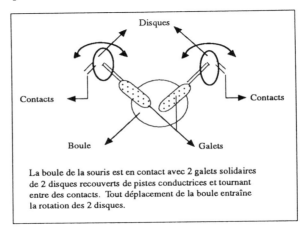

La boule de la souris est en contact avec 2 galets solidaires
de 2 disques recouverts de pistes conductrices et tournant
entre des contacts. Tout déplacement de la boule entraîne
la rotation des 2 disques.

Voir SOURIS, SOURIS OPTIQUE.

601 medical imagery

imagerie médicale
Voir IMAGERIE.

602 memory expansion board

carte d'extension de mémoire

Carte placée dans l'unité centrale et qui permet d'augmenter la mémoire par
adjonction de modules enfichables.

603 menu
menu

Liste d'options affichées sur un écran par une application infographique à l'intention d'un utilisateur et à partir de laquelle celui-ci peut choisir une action à lancer.

604 mesh
maille

605 mesh warping
gauchissement d'une surface maillée

606 mflops [millions floating operations per second]
mflops

Millions d'opérations en virgule flottante par seconde.
Voir FLOPS.

607 MHEG, Multimedia and Hypermedia information coding Experts Group
MHEG

608 mixed reflection
réflexion mixte
réflexion semi-diffuse
réflexion semi-spéculaire

Dans une scène graphique, réflexion partiellement régulière et partiellement diffuse.

609 mixed transmission
transmission mixte
transmission semi-diffuse
transmission semi-spéculaire

Passage d'un rayonnement lumineux à travers un objet graphique partiellement régulier et partiellement diffus.
Voir TRANSMISSION, TRANSMISSION RÉGULIÈRE, TRANSMISSION DIFFUSE.

610 modeling [model building]
modélisation

La modélisation peut être constituée par :

1. modèle en fil de fer : ce modèle ne représente que les ARÊTEs des objets ;

2. modèle volumique : assemblage de volumes simples : cylindre, parallélépipède, partie d'ellipsoïde, etc. ; ils sont aisés à modéliser par une description géométrique précise. Le modèle volumique décrit l'intérieur des objets permettant ainsi la représentation des coupes ;

3. modèle surfacique : les objets plus complexes peuvent être approchés par des surfaces d'interpolation construites à partir du relevé d'un nombre restreint de points.

611 monochrom pattern
motif monocolore

612 monochromatic radiation
rayonnement monochromatique

Rayonnement caractérisé par une seule couleur dans une scène graphique.

613 motion blur
flou de mouvement

FONCTION GRAPHIQUE créant un flou de bougé volontaire dans une scène de synthèse. L'algorithme du LANCER DE RAYONS est un excellent environnement pour mettre en œuvre cet effet artistique.
Voir LANCER DE RAYONS.

614 mouse
souris

Dispositif graphique d'entrée muni d'une boule roulante logée au-dessous d'un boîtier. L'enregistrement des coordonnées et l'envoi des commandes s'effectuent par déplacement à la main de la souris sur une surface plane.

Note. — Au contraire de la souris qui est mobile, la BOULE DE COMMANDE est fixe et nécessite peu de place pour l'enregistrement des coordonnées.
Voir SOURIS MÉCANIQUE, SOURIS OPTIQUE.

615 mouth animation
animation de la bouche
Voir ANIMATION FACIALE.

616 move (to) [drag (to)]
déplacer (une image)
entraîner
faire glisser

FONCTION GRAPHIQUE permettant de sélectionner et de déplacer à l'écran un OBJET graphique par TRANSLATION à l'aide d'un DISPOSITIF DE DÉSIGNATION, selon une ligne droite, vers la gauche ou vers la droite, en haut ou en bas, vers l'intérieur, vers l'extérieur ou toute autre combinaison dans un espace tridimensionnel ou bidimensionnel.

617 moving images
images animées
images en mouvement

618 moving scene
scène animée
scène en mouvement

619 MPEG, Moving Picture coding Experts Group
MPEG

Comité de l'ISO ayant pour objectif l'élaboration d'une norme définissant l'algorithme de compression/décompression d'images vidéo animées et sonores. Ce format de compression contribuera certainement au développement des applications multimédia et hypermédia.
Voir JPEG.

620 multi-user computer graphics system
système infographique multiutilisateur

621 multidirectional lighting
éclairement multidirectionnel

Éclairement réalisé, dans une scène graphique, de façon telle que la lumière atteignant l'objet provienne de directions multiples.

622 multiple light sources
sources multiples de lumière

623 multiple reflections
réflexions multiples

624 Munsell color system
système de couleurs de Munsell

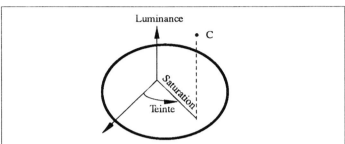

Ce système utilise une représentation schématique de forme cylindrique de l'espace perceptuel des couleurs en termes de luminance, teinte et saturation. L'axe portant la luminance est appelé axe achromatique représentant les valeurs du noir à la base et les valeurs du blanc au sommet. L'accroissement du rayon saturation représente l'accroissement de la pureté de la couleur. Les teintes colorées sont représentées par leur position angulaire autour de l'axe central porteur de luminance. Les deux plans portant la teinte et la saturation sont appelés plan chromatique.

Méthode de mesure des couleurs utilisée par Albert H. Munsell en 1915 pour établir une nomenclature des couleurs classées selon les trois paramètres de teinte, saturation (chroma) et luminance (valeur). Les concepts de teinte, saturation et luminance permettent d'établir des équivalences entre les couleurs : 2 couleurs peuvent être équivalentes en luminance alors que leur teinte et leur saturation (chromaticité) diffèrent. Ces couleurs peuvent être aussi équivalentes en saturation alors que les luminances et teintes diffèrent, etc.

MODÈLE DE COULEURS CMJ, MODÈLE DE COULEURS RVB, SYSTÈME DE COULEURS D'OSTWALD, HLS, COULEURS PRIMAIRES ADDITIVES, COULEURS PRIMAIRES SOUSTRACTIVES.

625 NDC, normalized device coordinates
CAN, coordonnées d'appareil normées
Voir COORDONNÉES D'APPAREIL NORMÉES.

626 neutral tone
ton neutre
Voir TON, ÉCHELLE DE NUANCES.

627 non-reflective surface
surface non réfléchissante

628 normal-vector interpolation shading [Phong shading]
lissage par interpolation des vecteurs de la normale
lissage de Phong
Voir LISSAGE DE PHONG.

629 normalization transformation [viewing transformation] [windowing transformation]
transformation de normalisation
transformation de visualisation
transformation de fenêtrage

Transformation faisant correspondre aux positions en COORDONNÉES D'APPAREIL NORMÉES (CAN) les positions en COORDONNÉES DE PROJECTION NORMÉES (CPN).
Voir COORDONNÉES UNIVERSELLES, CLÔTURE.

630 normalized device coordinates, NDC
coordonnées d'appareil normées, CAN

Fonction GKS où les COORDONNÉES D'APPAREIL sont définies dans un système de coordonnées intermédiaire et qui utilise une gamme de valeurs normées, généralement comprise entre 0 et 1.

Note. — Une image dont les positions sont exprimées en coordonnées d'appareil normées se présente au même emplacement relatif, quel que soit l'ESPACE D'APPAREIL.

631 normalized projection coordinates, NPC
coordonnées de projections normées, CPN

Système de coordonnées cartésiennes tridimensionnelles dépendant de l'appareil dans lequel la composition des images est spécifiée par le SYSTÈME GRAPHIQUE. La CLÔTURE de la projection et la FENÊTRE du poste de travail sont spécifiées dans l'espace de coordonnées de projections normées (CPN).

632 NPC, normalized projection coordinates
CPN, coordonnées de projections normées
Voir COORDONNÉES DE PROJECTIONS NORMÉES.

633 NTSC
NTSC

Sigle de National Television System Committee qui est un système de télévision en couleur mis au point aux États-Unis et actuellement en usage en Australie, au Canada, aux États-Unis et au Japon.

634 NURBS, Non-Uniform Rational B-Splines

NURBS

Un sur-ensemble des Bézier et des B-Splines uniformes. Elles présentent la caractéristique de non-uniformité, ainsi il est possible de subdiviser une spline. Par exemple, il est possible d'augmenter localement le nombre de points qu'on trouve sans changer la forme de la spline. C'est une propriété puissante qui permet à l'utilisateur d'insérer plus de POINTS DE CONTRÔLE sur une spline sans modifier sa forme ; de couper une spline à n'importe quel endroit pour générer deux parties et de créer des angles vifs dans les splines.

Voir COURBE DE BÉZIER, B-SPLINE, β-SPLINE, SPLINE, POINTS DE CONTRÔLE.

635 object
objet

Composant graphique de base affiché à l'écran. Il est composé d'un ou de plusieurs ÉLÉMENTs GRAPHIQUEs. Il est manipulable et traité comme une entité.
Voir ÉLÉMENT GRAPHIQUE.

636 object grasping
préhension d'objet

Saisie à la main d'un objet graphique par un être de synthèse dans une scène d'animation.

637 object modeling
modélisation d'objet

638 object resizing
redimensionnement de l'objet

639 object shape
forme de l'objet

640 object space
espace-objet

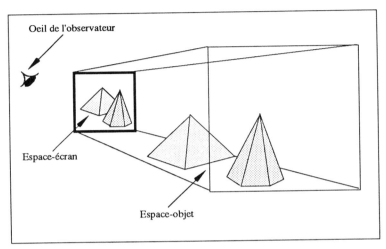

Espace mathématique théorique tridimensionnel dont l'origine est constituée d'un repère orthonormé à trois axes et qui englobe les coordonnées physiques et les caractéristiques mathématiques théoriques de chaque objet constituant la scène de synthèse.

641 object-color
couleur-objet

Couleur perçue comme appartenant à un objet graphique.

642 object-oriented graphics application
application graphique orientée (vers l') objet

643 object-oriented graphics language
langage graphique orienté (vers l') objet

644 object-oriented programming
programmation orientée (vers l') objet

645 oblique projection
projection oblique

Méthode de projection utilisée en infographie. Si le centre de projection est situé à l'infini dans une direction donnée, il en résulte que toutes les projectantes deviennent parallèles à cette direction. Il est ainsi obtenu une projection oblique, dite aussi projection parallèle.
Voir PROJECTION, PROJECTION PARALLÈLE, PROJECTION EN PERSPECTIVE, PROJECTION ORTHOGONALE, POINT DE RÉFÉRENCE DE PROJECTION (PRP).

646 obtuse angle
angle obtus

Un angle obtus est un angle dont la valeur est supérieure à 90 degrés.

647 octree
octree
arbre octal
Voir CODAGE EN OCTREE.

648 octree encoding
codage en octree
codage en arbre octal

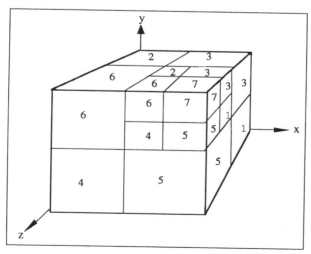

Le codage en octree (octal-tree) consiste à organiser les données volumiques en une structure arborescente hiérarchisée dans laquelle chaque branche regroupe

les informations relatives à une sous-région de l'espace. Son principe repose sur une décomposition récursive de l'ESPACE-OBJET en huit sous-cubes (0 à 7) disjoints jusqu'à la vérification d'un critère terminaison indiquant les VOXELs pleins et vides. C'est une extension du codage arborescent développé dans l'espace bidimensionnel : le CODAGE EN ARBRE QUADRATIQUE. Cette méthode de codage de données volumiques est très utile pour l'imagerie médicale (tomographie, résonance magnétique nucléaire, etc.) et l'IMAGERIE scientifique (résultats de mesures ou de simulation de phénomène physique ou mécanique).
Voir CODAGE EN ARBRE QUADRATIQUE, ESPACE-OBJET, VOXEL.

649 opacity
opacité

Qualité d'un OBJET graphique qui ne transmet pas les rayonnements.
Voir TRANSMISSION, TRANSLUCIDITÉ, TRANSPARENCE.

650 opaque
opaque

OBJET graphique qui ne se laisse pas traverser par la lumière.

651 open (to)
ouvrir (un fichier graphique)

652 optical mouse
souris optique

Ce DISPOSITIF D'ENTRÉE ne comprend pas de pièce mécanique. Deux diodes associées à des photocapteurs remplacent la boule. La souris est placée sur une tablette conçue pour ce genre de dispositif et quadrillée par des lignes absorbantes et réfléchissantes. Le déplacement de la souris sur la tablette est transformé en deux trains d'impulsions proportionnels à la distance parcourue suivant chacune des deux directions du quadrillage.
Voir SOURIS, SOURIS MÉCANIQUE.

653 optical scanning
numérisation optique
lecture optique

654 optical storage device
dispositif de stockage optique

655 ordinate [Y-axis]

ordonnée

Coordonnée verticale qui sert à définir la position d'un point :

a) dans un plan avec l'abscisse (coordonnée horizontale) ;

b) dans un système à 3 dimensions avec l'ABSCISSE et la COTE.
Voir ABSCISSE, COTE.

656 orthographic projection

projection orthogonale

Méthode de projection en infographie. La projection orthogonale est le cas particulier de la projection oblique lorsque le centre de projection est situé à l'infini dans une direction perpendiculaire au plan de projection. Les projetantes sont alors des droites perpendiculaires au plan de projection.
Voir PROJECTION, PROJECTION PARALLÈLE, PROJECTION EN PERSPECTIVE, PROJECTION OBLIQUE, POINT DE RÉFÉRENCE DE PROJECTION (PRP).

657 Ostwald color system

système de couleurs d'Ostwald

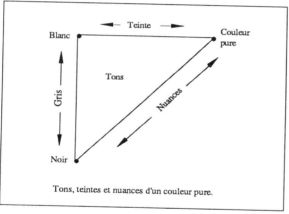

Tons, teintes et nuances d'un couleur pure.

Méthode de mesure des couleurs semblable à celle utilisée par un peintre qui ajoute du blanc sur sa toile pour obtenir une teinte et du noir pour obtenir une nuance et les deux pour arriver à une tonalité de la couleur. Cette méthode est représentée par un triangle contenant une seule couleur pure autour d'un axe central de couleur blanche au sommet et noire à la base. Ainsi, on obtient une représentation tridimensionnelle approximative de la couleur.
Voir SYSTÈME DE COULEURS DE MUNSELL, MODÈLE DE COULEURS CMJ, MODÈLE DE COULEURS RVB, HLS, COULEURS PRIMAIRES ADDITIVES, COULEURS PRIMAIRES SOUSTRACTIVES.

658 outline representation
représentation de contour

REPRÉSENTATION EN FIL DE FER d'un objet graphique, sans les LIGNES CACHÉES.

659 output device
dispositif de sortie
unité de sortie

Dispositif utilisé pour imprimer, afficher ou mémoriser des données.

660 output primitive
primitive de sortie

Entité d'affichage graphique fondamentale représentant une forme géométrique. *Voir PRIMITIVE GRAPHIQUE.*

661 overall toning [dot pattern shading]
pochage en teinte
pochage en pointillés
Voir POCHAGE EN POINTILLÉS.

662 overhead lighting
éclairement vertical

663 overlapping
chevauchement (des images)

664 overlay (to)
superposer

P

665 pack (to) [compress (to)] [compact (to)]

condenser (les données d'une image)
comprimer
Voir COMPRESSION.

666 paint (to)

remplir de couleur
colorier

667 paint tools [drawing tools]

outils de dessin
outils de coloriage

Outils de dessin d'une application infographique affichés sur un écran à l'intention d'un utilisateur et à partir de laquelle celui-ci peut choisir l'outil désiré pour son dessin.

Note. — Exemples de quelques outils : crayon, gomme, pinceau.

668 pan (to)

faire un panoramique
panoramiquer
*Voir EFFET DE PANORAMIQUE, PANORAMIQUE, MOUVEMENT VERTICAL,
CONTRE-PLONGÉE.*

669 panning effect

effet de panoramique

Effet visuel où la CAMÉRA virtuelle semble se déplacer latéralement.
Voir CAMÉRA, PANORAMIQUE, MOUVEMENT VERTICAL, CONTRE-PLONGÉE.

670 panning [pan]

panoramique

En animation par ordinateur, FONCTION GRAPHIQUE qui permet d'effectuer
une TRANSLATION progressive d'un OBJET ou d'une scène graphique donnant ainsi l'impression d'un mouvement latéral à l'écran.
Voir EFFET DE PANORAMIQUE, MOUVEMENT VERTICAL, CONTRE-PLONGÉE.

671 panoramic sequence

séquence panoramique
Voir EFFET DE PANORAMIQUE, PANORAMIQUE.

672 parallel

parallèle

Deux droites sont dites parallèles si elles sont contenues dans un même plan et
ne se coupent pas.
Voir PROJECTION PARALLÈLE, TRANSFORMATION PARALLÈLE.

673 parallel projection

projection parallèle

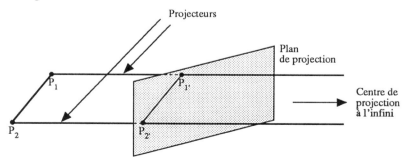

Méthode de projection tridimensionnelle en infographie selon laquelle tous les points d'un OBJET graphique sont projetés le long de lignes parallèles. Dans ce type de projection, l'image d'un point est obtenue à l'intersection du plan de projection avec la ligne issue du point de l'objet et parallèle à une direction fixe. La direction de projection est la direction imposée à toutes les lignes de projection. Une transformation projective parallèle est définie par un VECTEUR de projection et par un PLAN DE VUE (plan de projection). Le plan de vue est à son tour défini par son POINT DE RÉFÉRENCE DE VUE et par sa normale.
Voir PROJECTION EN PERSPECTIVE, PROJECTION, PROJECTION ORTHOGO-NALE, PROJECTION OBLIQUE, POINT DE RÉFÉRENCE DE PROJECTION (PRP).

674 parallel transformation
transformation parallèle

Transformation d'un objet dans laquelle les lignes parallèles de l'objet conservent leur parallélisme dans l'image résultante indifféremment de la distance relative ou de la profondeur.

675 parametric keyframe animation [parametric interpolation animation]
animation paramétrique par image clé
animation par interpolation paramétrique

En animation par ordinateur, cette méthode s'applique particulièrement à l'animation du corps, à l'animation des mains et à l'animation faciale. L'animateur crée des IMAGEs CLÉs en spécifiant le jeu approprié des valeurs des paramètres lesquels sont interpolés et ainsi les images sont créées individuellement à partir des paramètres.
Voir ANIMATION, ANIMATION ALGORITHMIQUE, ANIMATION IMAGE PAR IMAGE, ANIMATION PAR IMAGES CLÉS.

676 patch
carreau
patch

Section de surface courbe non plane. Il peut être comparé à une feuille de caoutchouc rectangulaire qui peut être tirée dans toutes les directions. Un carreau est une portion de l'espace délimitée par quatre segments de courbes frontières.

677 pattern
motif
Voir MENU DES MOTIFS.

678 pattern menu [pattern table]

menu des motifs
table des motifs

Liste de motifs affichés sur un écran par une application infographique à l'intention d'un utilisateur et à partir de laquelle celui-ci peut choisir le motif désiré pour son dessin.

679 pattern table [pattern menu]

table des motifs
menu des motifs
Voir MENU DES MOTIFS.

680 pel [picture element] [pixel]

élément d'image
pixel

Le plus petit élément d'image auquel on puisse attribuer des caractéristiques individuelles (attributs) comme la couleur ou l'intensité par exemple.

681 pen capping mechanism

mécanisme de rebouchage de la plume
Voir REBOUCHAGE AUTOMATIQUE DE LA PLUME.

682 pen carriage

porte-plume (d'un traceur)
Voir LOGEMENT DE PLUME.

683 pen down
baisser de plume (d'un traceur)
plume abaissée
Voir TABLE TRAÇANTE.

684 pen force adjustment
réglage de la plume (d'un traceur)

685 pen movement
déplacement de la plume (d'un traceur)

686 pen (of a plotter)
plume (d'un traceur)
Il existe diverses plumes de traceur :
– plume à pointe céramique
– plume à pointe feutre
– plume à pointe bille.

Celles-ci peuvent être jetables, interchangeables ou rechargeables.
Voir TABLE TRAÇANTE, LOGEMENT DE PLUME.

687 pen stall [carousel]
logement de plume

Dispositif équipant une TABLE TRAÇANTE et dans lequel les PLUMEs sont logées, repérées et choisies automatiquement lors du traçage.
Voir PLUME, TABLE TRAÇANTE.

688 pen up
lever de plume (d'un traceur)
plume levée
Voir TABLE TRAÇANTE.

689 penumbra
pénombre
État d'une surface incomplètement éclairée par une source lumineuse dont un corps opaque intercepte en partie les rayons.

690 peripheral device
dispositif périphérique
appareil périphérique

691 perspective generation

génération (d'images) en perspective
Voir PERSPECTIVE, VUE EN PERSPECTIVE.

692 perspective projection

projection en perspective

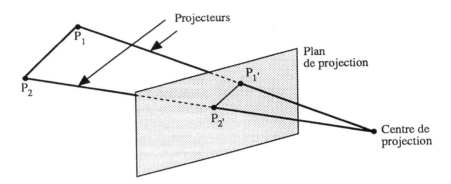

Méthode de projection tridimensionnelle rendant compte de la vision de l'observateur pour qui apparaissent converger à l'infini les lignes fuyantes, définissant l'objet. Le point de convergence de ces lignes est appelé le CENTRE DE PROJECTION. Une transformation projective en perspective est donc défini par un centre de projection et par un PLAN DE PROJECTION. Le plan de projection est lui-même défini par un POINT DE RÉFÉRENCE DE VUE et par une normale au plan de projection.
Voir PROJECTION PARALLÈLE, PROJECTION, PROJECTION ORTHOGONALE, PROJECTION OBLIQUE, CENTRE DE PROJECTION, PROJECTEUR.

693 perspective view

vue en perspective

Procédé de représentation d'un OBJET graphique sur un écran de telle sorte que sa représentation coïncide avec la perception visuelle qu'on peut en avoir, compte tenu de sa position dans l'espace par rapport à l'œil de l'observateur.

694 PEX (PHIGS and PHIGS+ and Extensions to X)

PEX

PEX est un sigle qui tire son nom de PHIGS and PHIGS+ and Extensions to X. PEX est une extension au système X Window qui permet d'utiliser les capacités de PHIGS et PHIGS+ ainsi que les graphiques tridimensionnels fonctionnant dans l'environnement X Window. PEX permet de créer des fenêtres affichées à l'écran agissant comme des stations de travail 3-D virtuelles graphiques indépendantes. L'un des aspects les plus importants de PEX est de permettre à une seule station de travail d'agir en plusieurs stations virtuelles.

Voir X WINDOW.

695 PHIGS, Programmer's Hierarchical Interactive Graphics system

PHIGS, interface de Programmation du Système Graphique Hiérarchisé

696 Phong shading [normal-vector interpolation shading]

lissage de Phong

lissage par interpolation des vecteurs de la normale

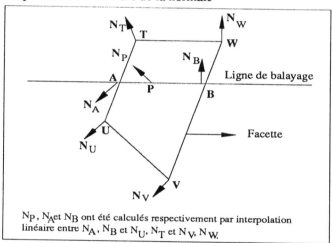

N_P, N_A et N_B ont été calculés respectivement par interpolation linéaire entre N_A, N_B et N_U, N_T et N_V, N_W.

Alors que le LISSAGE DE GOURAUD interpole les valeurs de l'intensité le long d'une ligne de balayage, ce sont les vecteurs normaux que le lissage de Phong (1975) interpole le long de cette ligne. Le modèle d'éclairement est appliqué à chaque PIXEL, en utilisant la normale interpolée pour déterminer l'intensité. Cet algorithme donne une meilleure approximation locale de la courbure de la surface et par conséquent un meilleur rendu réaliste de cette surface et un meilleur rendu des reflets spéculaires.

Voir LISSAGE, LISSAGE POLYGONAL, LISSAGE DE GOURAUD.

697 phosphor dots

points luminophores

La surface de la face intérieure d'un écran est recouverte de cristaux particuliers appelés Luminophores. Ils émettent de la lumière lorsqu'ils sont heurtés par un faisceau d'électrons. L'émission lumineuse du luminophore sous l'impact d'un faisceau d'électrons s'appelle la fluorescense. L'émission lumineuse après le passage du faisceau d'électons s'appelle la phophorescence. La durée de la phosphorescence est la persistance.

Voir TUBE (À RAYONS) CATHODIQUE(S), CANON À ÉLECTRONS.

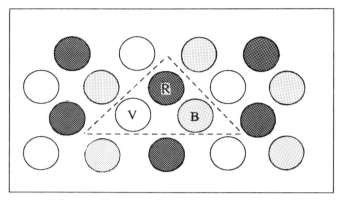

698 photographic quality print
impression de qualité photographique

699 photographic-quality image
image de qualité photographique

700 photoluminescence
photoluminescence

LUMINESCENCE produite par l'absorption d'un rayonnement.

701 photoplotter
phototraceur
traceur photographique

Le traceur photographique est une TABLE TRAÇANTE dans laquelle le papier et la plume sont remplacés respectivement par un film et un faisceau lumineux très fin. Ce traceur permet d'obtenir des dessins très précis et il est surtout utilisé pour la fabrication des masques des circuits imprimés ou intégrés.
Voir TABLE TRAÇANTE.

702 photorealistic animation
animation photoréaliste

703 photorealistic image
image photoréaliste

704 photorealistic rendering
rendu photoréaliste

705 pick
désignation

Opération qui consiste à sélectionner une entité graphique (SEGMENT, COURBE, OBJET graphique, etc.) à l'écran à l'aide d'un dispositif d'entrée tel qu'un PHOTOSTYLE.
Voir DISPOSITIF DE DÉSIGNATION.

706 picture blurring
papillotage de l'image

Pulsation indésirable d'une image affichée à l'écran.

Note. — Le papillotement survient lorsque la fréquence de régénération est trop faible, compte tenu des caractéristiques du luminophore.

707 picture clipping
découpage de l'image
détourage de l'image
Voir DÉCOUPAGE.

708 picture element [pixel] [pel]
élément d'image
pixel

Le plus petit élément d'image auquel on puisse attribuer des caractéristiques individuelles (attributs) comme la couleur ou l'intensité par exemple.

709 picture retrieval
accès aux images
recherche d'images

Dans une base de données ou un fichier graphique, fonction qui permet de rechercher une image préalablement stockée.

710 picture [image] [frame]
image

Ensemble d'ÉLÉMENTs GRAPHIQUEs ou de groupes graphiques présentés simultanément sur une SURFACE D'AFFICHAGE.
Voir ÉLÉMENT GRAPHIQUE.

711 pixel attribute
attribut de pixel

Informations décrivant les caractéristiques d'un PIXEL (intensité, couleur,…).
Voir PIXEL.

712 pixel color level
intensité de la couleur du pixel

713 pixel data
données de pixel

714 pixel intensity
intensité de pixel

L'intensité des PIXELs joue un rôle important dans le réalisme des images de synthèse. Si on veut générer une boule de couleur bleue et qu'on colorie tous les pixels de cette boule avec la même couleur, le résultat sera un cercle plat bleu n'ayant pas la forme apparente d'une sphère. Pour avoir l'illusion du volume, il faudra répartir les intensités de couleur bleue sur la surface. Chaque pixel de la boule peut donc avoir une intensité différente.

715 pixel phasing
anticrénelage graduel des pixels

716 pixel zoom factor
facteur d'agrandissement du pixel

717 pixel [picture element] [pel]
pixel
élément d'image

Le plus petit élément d'image auquel on puisse attribuer des caractéristiques individuelles (attributs) comme la couleur ou l'intensité par exemple.

718 plasma panel display, PPD, [gas panel]
écran à plasma

Écran plat remplaçant parfois l'écran cathodique dans les systèmes graphiques. Il est constitué d'une grille d'électrodes placée en milieu gazeux dans une chambre plate. Les éléments de base constituant un écran à plasma sont indiqués dans la figure représentée page suivante.

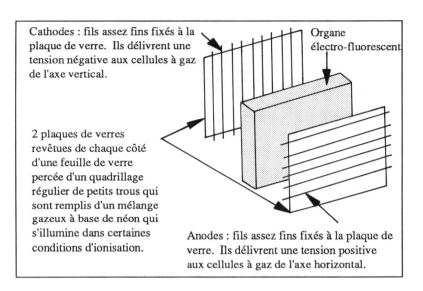

Cathodes : fils assez fins fixés à la plaque de verre. Ils délivrent une tension négative aux cellules à gaz de l'axe vertical.

Organe électro-fluorescent

2 plaques de verres revêtues de chaque côté d'une feuille de verre percée d'un quadrillage régulier de petits trous qui sont remplis d'un mélange gazeux à base de néon qui s'illumine dans certaines conditions d'ionisation.

Anodes : fils assez fins fixés à la plaque de verre. Ils délivrent une tension positive aux cellules à gaz de l'axe horizontal.

Note.— L'image sur un écran à plasma persiste longtemps sans rafraîchissement. *Voir ÉCRAN GRAPHIQUE COULEUR, ÉCRAN TACTILE, ÉCRAN À CRISTAUX LIQUIDES, RAFRAICHISSEMENT D'IMAGE, FRÉQUENCE DE RAFRAICHISSEMENT.*

719 plot (to)
tracer

720 plotter pen movement
déplacement de la plume du traceur

721 plotter step size
pas du traceur

Unité de mesure du déplacement minimal de la PLUME d'une TABLE TRAÇANTE.

722 plotter [plotting table] [plotting board]
traceur
table traçante
Voir TABLE TRAÇANTE.

723 plotting area
aire de traçage
zone de traçage

724 plotting head
tête traçante

Organe mobile qui, dans un traceur, sert à produire des tracés sur la SURFACE D'AFFICHAGE.

725 plotting speed [plotting rate]
vitesse de traçage

Vitesse de traçage d'une TABLE TRAÇANTE.

726 plotting surface
surface de traçage

727 plotting table [plotting board] [plotter]
table traçante
traceur

Dispositif graphique de sortie produisant des tracés à deux dimensions sur un support papier amovible. La table traçante reçoit de l'ordinateur une suite d'informations qu'elle interprète comme :

– un déplacement (incrément ou décrément) en x

– un déplacement (incrément ou décrément) en y

– un levé ou un baissé de PLUME.

La génération par un logiciel adéquat des instructions levé/baissé et d'une suite de coordonnées entraînera le dessin. La table traçante en couleur est munie de plusieurs plumes de couleur montées sur une tourelle. Elle est bien adapté aux tracés de plans, de schémas et de dessin industriel.

Note. — Le déplacement est un multiple entier du PAS DU TRACEUR.
Voir PHOTOTRACEUR, TRACEUR ÉLECTROSTATIQUE, TRACEUR À ROULEAU, PAS DU TRACEUR.

728 point
point

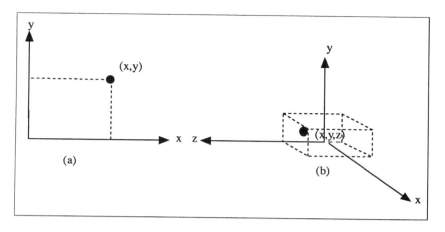

Représentation d'un point (a) dans un espace à deux dimensions (x,y) et d'un point (b) dans un espace à trois dimensions (x, y, z).

En mathématiques, figure géométrique sans dimension (intersection de deux lignes).

Voir COORDONNÉES CARTÉSIENNES.

729 point light source

source de lumière ponctuelle

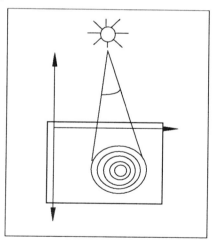

Source lumineuse provenant d'un POINT donné et diffusant la lumière radialement. On peut créer de nombreuses autres sources de lumière dérivées de sources ponctuelles en définissant l'intensité lumineuse en fonction de la direction de la lumière (par exemple, pour les effets de projecteur). L'éclairage dans une scène de synthèse s'exprime en intensité et en couleur par la synthèse additive des valeurs rouge, vert et bleu.

Voir ÉCLAIREMENT RADIAL, LUMIÈRE AMBIANTE.

730 pointer [cursor]

pointeur
curseur

Symbole mobile affiché sur un écran qu'un utilisateur peut déplacer à l'aide d'un DISPOSITIF DE DÉSIGNATION tel qu'une SOURIS ou une BOULE DE COMMANDE pour signaler une position ou sélectionner un article d'un menu.

731 pointing device

dispositif de désignation
dispositif de pointage

Instrument utilisé pour déplacer un POINTEUR sur un écran.

Exemples : SOURIS, BOULE ROULANTE, PHOTOSTYLE, MANCHE À BALAI.

732 polarized radiation

rayonnement polarisé

Rayonnement orienté dans des directions définies dans une scène graphique.

733 polygon

polygone

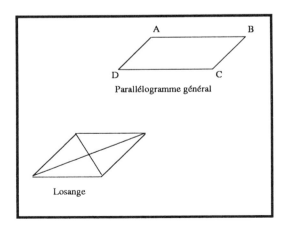

Parallélogramme général

Losange

Figure géométrique plane délimitée par une ligne polygonale fermée. On appelle ainsi toute partie du plan constituée d'un ensemble de n sommets et d'arêtes reliant ces sommets. Lorsque n = 3, le polygone est un triangle, et un QUADRI-LATÈRE si n = 4. Un quadrilatère ABCD (c'est-à-dire dont les 4 sommets successifs sont 4 POINTs ABCD) est un parallélogramme si ses côtés opposés sont parallèles 2 à 2 (ou, ce qui revient au même, si ses diagonales AC et BD se coupent en leur milieu). De plus, si ces diagonales sont perpendiculaires, ABCD est un losange. C'est un rectangle si elles ont la même longueur (ou si deux côtés consécutifs sont perpendiculaires) et un carré si elles sont à la fois perpendiculaires et de même longueur. Un polygone est régulier si ses arêtes ont la même longueur et font entre elles un angle constant.

734 polygon clipping
découpage de polygone

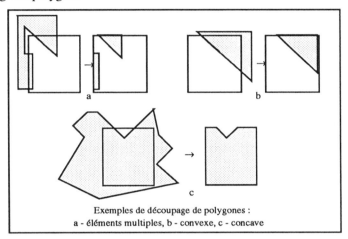

Exemples de découpage de polygones :
a - éléments multiples, b - convexe, c - concave

Le découpage de surfaces polygonales ne peut pas se ramener au DÉCOUPAGE DE SEGMENTS DE DROITE. Le principe de l'algorithme de découpage de POLYGONEs est de garder la surface fermée après le DÉCOUPAGE. Cela n'implique pas de calculer toutes les intersections de chacun des côtés du polygone avec chacun des côtés de la CLÔTURE.
Voir DÉCOUPAGE, ALGORITHME DE DÉCOUPAGE, PLAN DE DÉCOUPAGE, DÉCOUPAGE DE SEGMENTS DE DROITE, ALGORITHME DE COHEN-SUTHER-LAND, RECTANGLE DE DÉCOUPAGE, CLÔTURE, FENÊTRE.

735 polygon fill
remplissage de polygone

Remplissage d'une surface polygonale avec un MOTIF DE REMPLISSAGE.

736 polygonal shading [flat shading] [constant shading] [faceted shading]

lissage constant
lissage polygonal
lissage uniforme
Voir LISSAGE POLYGONAL, LISSAGE, LISSAGE DE GOURAUD, LISSAGE DE PHONG.

737 polyhedron

polyèdre

Un polyèdre est une partie de l'espace à trois dimensions délimitée par des faces (ou facettes) planes, qui se rencontrent soit en un point, appelé sommet, soit suivant un SEGMENT appelé ARÊTE, soit pas du tout. Les cubes et plus généralement les parallélépipèdes sont les polyèdres les plus simples constitués de six faces deux à deux parallèles. Un polyèdre est dit régulier si ses faces sont des POLYGONEs réguliers identiques et si de chaque sommet part le même nombre d'arêtes.

Note. — Les 5 polyèdres réguliers ordinaires sont :

1. Tétraèdre régulier : 4 faces triangulaires équilatérales

2. Cube ou hexaèdre régulier : 6 faces carrées

3. Octaèdre régulier : 8 faces triangulaires

4. Dodécaèdre régulier : 12 faces pentagonales

5. Icosaèdre régulier : 20 faces triangulaires.
Voir POLYGONE, QUADRILATÈRE.

738 polyline

ligne polygonale

Une primitive graphique GKS de sortie constituée par une suite de segments de droite connectés (ligne brisée).

739 portability (of a computer graphics software)

portabilité (d'un logiciel infographique)
transférabilité

Aptitude d'un logiciel infographique à être utilisé sur des systèmes de types différents.

740 primary color

couleur primaire
Voir COULEURS PRIMAIRES ADDITIVES, COULEURS PRIMAIRES SOUSTRACTIVES.

741 primary light source

source de lumière primaire

742 primitive

primitive
Voir PRIMITIVE GRAPHIQUE, PRIMITIVE BIDIMENSIONNELLE.

743 printer

imprimante

Dispositif de sortie d'un ordinateur, servant à imprimer des caractères et/ou des dessins sur un support papier.
Voir IMPRIMANTE À LASER, IMPRIMANTE À JET D'ENCRE, IMPRIMANTE COULEUR À JET D'ENCRE.

744 Programmer's Hierarchical Interactive Graphics system (PHIGS)

Interface de Programmation du Système Graphique Hiérarchisé (PHIGS)

745 progressive refinement

affinage progressif (d'une image)

Façon dans laquelle la finition ou l'apparition souhaitée d'une image est obtenue par différentes étapes successives, à l'aide d'un logiciel infographique.

746 projection

projection

Il existe en infographie deux méthodes principales pour la projection d'objets tri-dimensionnels sur une SURFACE D'AFFICHAGE bidimensionnelle : la PROJECTION EN PERSPECTIVE et la PROJECTION PARALLÈLE. La figure représentée ci-après donne la typologie des familles de projections perspectives et parallèles.

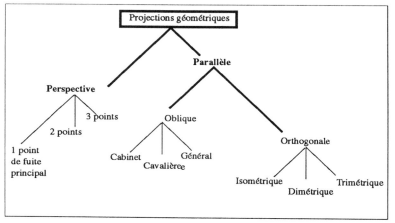

Voir PROJECTION EN PERSPECTIVE, PROJECTION PARALLELE, PROJECTION ORTHOGONALE, PROJECTION OBLIQUE, POINT DE RÉFÉRENCE DE PROJEC-TION (PRP).

747 projection distance
distance de projection

748 projection plane view
vue du plan de projection
Voir PLAN DE VUE.

749 projection plane [view plane]
plan de projection
plan de vue
plan de visualisation
Voir PLAN DE VUE.

750 projection reference point (PRP) [center of projection]
point de référence de projection, PRP
centre de projection

Un point dans l'espace des COORDONNÉES DE RÉFÉRENCE DE VUE qui détermine la direction des PROJECTEURS. Lorsque le type de projection est perspectif, tous les projecteurs convergent à ce point de référence. Celui-ci est placé à l'infini lorsqu'il s'agit d'une projection parallèle.
Voir PROJECTION, PROJECTION EN PERSPECTIVE, PROJECTION PARALLÈLE, PROJECTION ORTHOGONALE, PROJECTION OBLIQUE.

751 projector
projecteur

Ligne conceptuelle qui passe de chaque point d'un objet ; elle a un point d'intersection avec le PLAN DE VUE.

752 PRP, projection reference point [center of projection]
PRP, point de référence de projection
centre de projection
Voir CENTRE DE PROJECTION, PROJECTION EN PERSPECTIVE, PROJECTION PARALLÈLE, PROJECTION, PROJECTION ORTHOGONALE, PROJECTION OBLIQUE.

753 pseudo-colors [false colors]
fausses couleurs

754 puck [cross-haired cursor]
curseur réticulaire
curseur à réticule

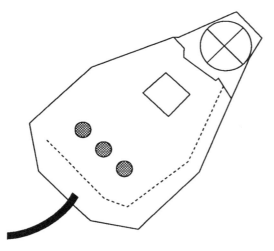

Dispositif graphique d'entrée ayant une loupe munie d'un réticule qui sert de viseur pour le relevé de coordonnées graphiques.
Voir RELEVEUR DE COORDONNÉES.

755 quadratic surface
surface quadratique

756 quadric
quadrique

Les quadriques sont la généralisation des CONIQUEs à l'espace à trois dimensions. Ce sont des surfaces déterminées par une équation du second degré.

757 quadrilateral
quadrilatère

POLYGONE convexe à quatre côtés.
Voir POLYGONE.

758 quadrilateral mesh
maille quadrilatérale

759 quadtree encoding
codage en arbre quadratique

Représentation obtenue par division quadratique récursive d'une image bidimensionnelle jusqu'à ce que tous les PIXELs dans un quadrant présentent une caractéristique recherchée.
Voir CODAGE EN OCTREE.

760 Quicktime
Quicktime

Extension du système d'exploitation d'Apple Macintosh permettant de gérer, coordonner et manipuler des données animées et sonores. Son architecture comprend quatre composants essentiels : le système d'exploitation, les formats des fichiers, les outils de COMPRESSION et un ensemble de règles concernant l'interface utilisateur.

R

761 radial lighting

éclairement radial

Source de lumière qui éclaire à partir d'un point précis dans une scène de synthèse et qui rayonne la lumière radialement comme une ampoule.

762 radiation

rayonnement

Émission d'une lumière dans une scène de synthèse.

763 radiosity

radiosité

La méthode de radiosité est un MODÈLE D'ÉCLAIREMENT. Cet algorithme détermine l'intensité lumineuse de chaque élément de surface en fonction de l'intensité issue de chaque autre élément. Cette méthode utilise le principe de la conservation de l'énergie pour déterminer précisément l'intensité lumineuse qui éclaire chaque surface, dans une scène composée de sources de lumière diffuses et de surfaces réfléchissantes. Pour chaque surface, on utilise une équation qui

indique l'intensité émise en fonction de son environnement. Cette émission est proportionnelle à l'intensité reçue de toutes les sources lumineuses et de toutes les surfaces de la scène. De plus, cette méthode permet un traitement plus réaliste des ombres, celles-ci étant rarement noires et souvent composées d'une certaine portion de LUMIÈRE AMBIANTE. Elle ne tient cependant pas compte des effets de RÉFLEXIONS SPÉCULAIRES.
Voir LUMIÈRE AMBIANTE, RÉFLEXION SPÉCULAIRE, RÉFLEXION DIFFUSE, INTERREFLEXIONS.

764 radiosity algorithm
algorithme de radiosité
Voir RADIOSITÉ.

765 random scan display
écran vectoriel

766 random-shape generator
générateur de formes aléatoires

767 raster display
image définie par trame
image définie ligne par ligne

Image produite par un écran utilisant le BALAYAGE LIGNE PAR LIGNE.
Voir AFFICHAGE À CRISTAUX LIQUIDES, ÉCRAN GRAPHIQUE COULEUR, ÉCRAN TACTILE, ÉCRAN À PLASMA.

768 raster graphics
infographie par quadrillage
graphique en points

Infographie où une image est composée de PIXELs disposés en lignes et en colonnes.
Voir INFOGRAPHIE PAR COORDONNÉES.

769 raster graphics element
élément graphique en points

770 raster image
image ligne par ligne

771 raster plotter
traceur par ligne

772 raster scan
balayage ligne par ligne

Technique de production ou d'enregistrement des éléments d'une image, consistant à parcourir ligne par ligne la totalité de l'ESPACE D'AFFICHAGE.

773 raster scan display
écran matriciel

774 raster unit
unité de trame
unité-écran

Unité de mesure égale à la distance entre deux PIXELs adjacents.

775 ray intersection
intersection des rayons

776 ray tracing
lancer de rayons

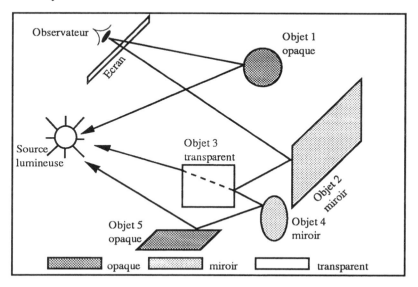

Le lancer de rayons est un MODÈLE D'ÉCLAIREMENT. L'idée à la base de la technique de lancer de rayons est qu'un observateur voit un objet grâce à la lumière émise d'une source qui rencontre cet objet puis parvient d'une manière ou d'une autre à l'observateur. La lumière peut parvenir à l'observateur par RÉFLEXION sur la surface ou par RÉFRACTION ou TRANSMISSION à travers la surface. Comme seule une infime partie des rayons atteint l'œil, l'algorithme du lancer de rayons détermine le trajet des rayons lumineux de l'œil vers les surfaces et les sources lumineuses. Cet algorithme tient compte de la réflexion de l'image d'un objet sur la surface d'une autre, de la réfraction, de la TRANSPARENCE, du FLOU DE MOUVEMENT, des ombres et de l'ANTI-CRÉNELAGE.

777 real-time animation
animation en temps réel

L'animation en temps réel consiste à faire calculer à l'ordinateur les mouvements et les transformations suffisamment vite pour que l'utilisateur devant son terminal graphique puisse voir ces mouvements et ces transformations. L'animation affichée en temps réel aura la cadence définie par l'utilisateur.
Voir ANIMATION, ANIMATION ALGORITHMIQUE, ANIMATION IMAGE PAR IMAGE, ANIMATION PAR IMAGES CLÉS, ANIMATION PAR INTERPOLATION PARAMÉTRIQUE.

778 real-time picture retrieval
accès aux images en temps réel
recherche d'images en temps réel
Voir ACCÈS AUX IMAGES.

779 real-time simulation
simulation en temps réel
Voir SIMULER.

780 realistic image
image réaliste

L'image réaliste est une image de synthèse utilisant la structure d'image tridimensionnelle comme squelette et lui adjoignant un certain nombre d'autres modèles destinés à simuler l'apparence visuelle des objets réels. L'ÉLIMINATION DES PARTIES CACHÉES, un modèle d'éclairement, une bonne microstructure du rendu des formes, etc. contribuent à la génération d'une image réaliste.

781 realistic image animation
animation d'images réalistes
Voir ANIMATION, IMAGE RÉALISTE.

782 realistic image generation
génération d'images réalistes
Voir IMAGE RÉALISTE.

783 realistic rendering
rendu réaliste
Voir IMAGE RÉALISTE.

784 realistic texture
texture réaliste

785 reduce (to)
réduire (une image)

786 reduction factor
facteur de réduction

787 reduction scale
échelle de réduction (d'une image)
Voir METTRE À L'ÉCHELLE, CHANGEMENT D'ÉCHELLE.

788 refillable pen
plume rechargeable (d'un traceur)
Voir PLUME.

789 reflect (to)
réfléchir

790 reflectance factor
indice de réflectance

Dans une scène graphique, l'indice de réflectance d'une surface est une mesure de la lumière réfléchie par cette surface. Cet indice varie en fonction des propriétés de la surface.

791 reflected glare

éblouissement par réflexion

Dans une scène graphique, éblouissement résultant des RÉFLEXIONS SPÉCU-LAIRES sur des surfaces polies ou brillantes.

792 reflected image

image réfléchie
Voir RÉFLEXION DE L'IMAGE.

793 reflected light

lumière réfléchie

C'est la lumière réfléchie ou transmise qui rend un OBJET graphique visible. Les caractéristiques de la lumière réfléchie par la surface d'un objet dépendent de la composition, de la direction et de la géométrie de la source lumineuse, de l'orientation de la surface de l'objet et de ses propriétés. La lumière réfléchie par un objet graphique se distingue encore en étant soit diffuse, soit spéculaire.

794 reflected light direction

direction de la lumière réfléchie

795 reflected light intensity

intensité de la lumière réfléchie

796 reflected ray

rayon réfléchi

797 reflection

réflexion (de la lumière)

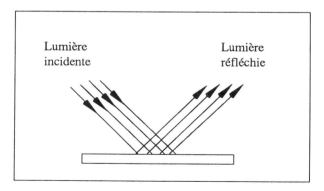

Phénomène de renvoi d'un rayonnement par un OBJET graphique.

Note. — La réflexion de la lumière peut être de deux types :

1. la réflexion spéculaire

2. la réflexion diffuse.

798 reflection coefficient
coefficient de réflexion

Indice qui, dans une scène de synthèse, détermine le niveau de réflexion en tenant compte de la nature de la surface.

799 reflection intensity
intensité de réflexion

800 reflection mapping [environment mapping]
placage de réflexion
placage d'environnement

Le placage de réflexion appelé aussi placage d'environnement est un algorithme développé par Blinn et Newell qui a pour but la modélisation des réflexions interobjets. Il consiste à appliquer sur un objet graphique généralement sphérique une image de la scène entière, afin de lui donner un aspect miroir réfléchissant.

801 reflection ray
rayon de réflexion

802 reflection vector
vecteur de réflexion

Segment auquel on attribue une orientation pour établir à partir de la surface graphique la direction du rayon lumineux réfléchi. Le vecteur de réflexion est nécessaire pour les calculs des RÉFLEXIONS SPÉCULAIRES et du LANCER DE RAYONS.
Voir ANGLE D'INCIDENCE, ANGLE DE RÉFLEXION, LANCER DE RAYONS, RÉFLEXIONS SPÉCULAIRES, VECTEUR.

803 reflective
réfléchissant

804 reflective [reflecting] surface
surface réfléchissante

805 reflectivity
réflectivité

806 refracted image
image réfractée

807 refracted light
lumière réfractée

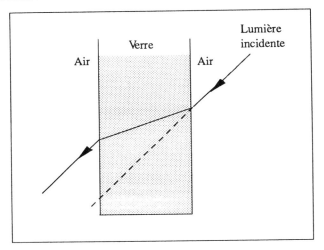

RÉFRACTION d'un rayon lumineux à travers un objet en verre. À sa sortie du verre, le rayon réfracté prend une trajectoire parallèle au trajet de la LUMIÈRE INCIDENTE comme indiqué par la ligne composée de tirets. La réfraction se produit chaque fois qu'un rayon lumineux passe entre deux milieux d'INDICEs DE RÉFRACTION différents (air, verre, eau, cristal, ...).
Voir RÉFRACTION, ANGLE DE RÉFRACTION, INDICE DE RÉFRACTION.

808 refracted ray
rayon réfracté

809 refraction
réfraction

Phénomène qui se produit lorsqu'un rayon lumineux traverse la surface de séparation de deux milieux transparents isotropes. Le rayon dans le second milieu n'est plus dans le prolongement du rayon incident. La trajectoire de la lumière semble brisée, d'où le nom du phénomène.
Voir LUMIÈRE RÉFRACTÉE, ANGLE DE RÉFRACTION.

810 refraction factor

indice de réfraction

MATIERE	INDICE DE REFRACTION
Air	1.00
Glace	1.31
Eau	1.33
Alcool	1.36
Huile	1.46
Verre léger	1.52
Quartz	1.55
Verre dense	1.78
Topaze	1.63
Rubis	1.76
Diamant	2.42

Rapport constant entre le sinus de l'ANGLE D'INCIDENCE et le sinus de l'ANGLE DE RÉFRACTION pour un rayon lumineux passant de l'air vers un milieu donné.
Voir RÉFRACTION, ANGLE DE RÉFRACTION, ANGLE D'INCIDENCE, LUMIÈRE RÉFRACTÉE.

811 refraction ray

rayon de réfraction

812 refresh rate

fréquence de rafraîchissement (d'un écran)

Nombre de fois par seconde où une image est produite à l'écran pour assurer son rafraîchissement. Si l'image n'est pas rafraîchie assez souvent, l'écran présente un clignotement désagréable et fatigant. En augmentant la persistance du luminophore du tube, on peut atténuer légèrement ce clignotement.

Note. — Pour qu'un écran ne soit pas gênant, la fréquence de rafraîchissement doit être supérieure à 50 Hz ; et pour un écran de qualité, cette fréquence doit dépasser 70 Hz.
Voir RAFRAICHISSEMENT D'IMAGE.

813 regular transmission [direct transmission]
transmission régulière

Transmission d'un rayonnement lumineux à travers un objet graphique, sans diffusion.
Voir TRANSMISSION, TRANSMISSION DIFFUSE, TRANSMISSION MIXTE.

814 relative command
commande relative

Commande d'affichage utilisant des COORDONNÉES RELATIVES.

815 relative coordinate
coordonnée relative

L'une des coordonnées qui détermine une POSITION ADRESSABLE par rapport à une autre position adressable.

816 relative vector
vecteur relatif

Vecteur dont l'extrémité est calculée en fonction d'un déplacement par rapport à l'origine.
Voir VECTEUR ABSOLU.

817 rendering realism
réalisme du rendu

Ressemblance exacte d'un objet graphique avec le modèle réel.
Voir IMAGE RÉALISTE.

818 rendering software
logiciel de rendu

819 rendering [rendition]
rendu

Phase de calcul suivant la MODÉLISATION dont le but est d'obtenir une image réaliste. Le programme de rendu se charge d'habiller le modèle filiforme, en calculant la couleur et l'aspect de la surface de chaque point de l'image ainsi que les réflexions, l'ombre et la pénombre, etc. Différents algorithmes tels que le LISSAGE DE GOURAUD, le LISSAGE DE PHONG, le LANCER DE RAYONS et la RADIOSITÉ contribuent à un rendu réaliste.

820 RenderMan Interface Bytestream, RIB
RIB (format de fichier graphique)

Format de données propre à RenderMan (logiciel de génération d'images de synthèse à trois dimensions). Grâce à ce format, qui se voudrait être une norme, un modeleur aux capacités de rendu limitées peut transmettre ses fichiers à un modeleur de rendu compatible RenderMan, et bénéficier ainsi d'une qualité d'image très supérieure.

821 RenderMan™
RenderMan™

Logiciel de MODÉLISATION 3D ayant des techniques de rendu photoréaliste, produit par Pixar.

822 reshape (to)
remettre en forme

823 retouch (to)
retoucher (une image)

824 retouching software
logiciel de retouche (d'images)

825 retroreflection
rétroréflexion

Réflexion caractérisée, dans une scène graphique, par le renvoi du rayonnement dans des directions voisines de l'opposé de la direction d'où le rayonnement provient.

826 reverse clipping [shielding] [hiding]
masquage

Suppression de tous les ÉLÉMENTs GRAPHIQUEs qui se trouvent à l'intérieur d'une limite donnée dans une zone d'écran. Lorsqu'une zone est masquée, aucune donnée ne peut y apparaître. L'inverse du masquage est le DÉCOUPAGE, qui consiste à extraire une portion d'une image qui doit être visualisée à l'intérieur d'une fenêtre dans une zone d'écran.
Voir DÉCOUPAGE.

827 reverse video
vidéo inverse

MISE EN ÉVIDENCE par inversion de la couleur de l'affichage et du fond d'une image.

828 RGB color model
modèle de couleurs RVB

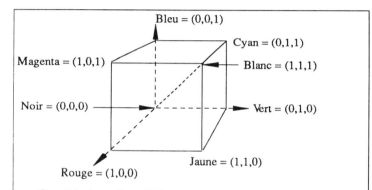

Ce solide de couleurs RVB a le noir à l'origine. Les deux sommets noir et blanc indiqués en pointillés sont portés par la trissectrice RVB (x,y,z). Cette même diagonale reliant le noir au blanc représente les couleurs achromatiques (les gris) de ce modèle. La transformation de l'espace RVB à CMJ est représentée par la formule suivante : [RGB] = [111] - [CMJ].

Ce modèle permet la représentation dans l'espace des couleurs primaires additives : rouge, vert et bleu. Les espaces RVB sont représentés par un cube des couleurs. Le mode RVB est utilisé par opposition au mode de composition basé sur le principe des COULEURS PRIMAIRES SOUSTRACTIVES (CMJ).
Voir MODÈLE DE COULEURS CMJ, SYSTÈME DE COULEURS MUNSELL, SYSTÈME DE COULEURS D'OSTWALD, HLS, COULEURS PRIMAIRES ADDITIVES, COULEURS PRIMAIRES SOUSTRACTIVES.

829 right angle
angle droit

L'angle droit est un angle de 90 degrés.

830 riser [ascender]
hampe (d'un caractère)
ascendante (d'un caractère)
Voir ASCENDANTE.

831 roller-ball pen (of plotter)
plume à pointe bille (d'un traceur)
Voir PLUME.

832 rolling ball [track ball]
boule roulante
boule de commande

Dispositif graphique d'entrée ayant une boule semi-apparente mobile autour de son centre logée dans un boîtier. On la fait tourner dans toutes les directions avec la paume de la main. Les mouvements de la boule de ce releveur de coordonnées sont codés et définissent le déplacement d'un CURSEUR à l'écran.
Voir SOURIS.

Note. — Ce dispositif d'entrée sert le plus souvent comme RELEVEUR DE COORDONNÉES ou DISPOSITIF DE DÉSIGNATION.

833 rotate (to) [swivel (to)]
faire pivoter

Action qui consiste à faire tourner un OBJET graphique à l'écran autour d'un AXE de référence dont les coordonnées demeurent fixes.

834 rotation
rotation

Transformation qui consiste à faire tourner un OBJET graphique autour d'un AXE de référence de la SURFACE D'AFFICHAGE dont les coordonnées restent fixes.

835 rotation angle
angle de rotation

836 roughness
rugosité (d'une surface)

837 rubberbanding
étirement (technique de l'élastique)
tracé élastique

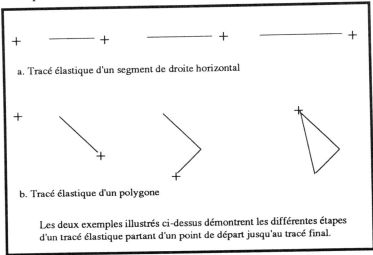

a. Tracé élastique d'un segment de droite horizontal

b. Tracé élastique d'un polygone

Les deux exemples illustrés ci-dessus démontrent les différentes étapes
d'un tracé élastique partant d'un point de départ jusqu'au tracé final.

Déplacement de l'extrémité d'un SEGMENT de droite dont les origines restent
fixes. Le segment est tracé sur l'écran au fur et à mesure du déplacement du
POINTEUR, donnant l'impression d'être étiré comme un élastique.

838 sample (to)
échantillonner

839 sampling
échantillonnage

Étant donné que l'écran n'est qu'un ensemble discret de points alors qu'une COURBE est continue, le traçage revient à échantillonner la courbe en certains points et à la quantifier. Pour afficher cette courbe ou une ARÊTE de POLYGONE sur un écran, il faut l'échantillonner à des emplacements discrets. Les signaux des figures a. et c. sont échantillonnés selon le même taux indiqué par un point, les reconstitutions obtenues des deux signaux sont aussi identiques tel qu'il est indiqué aux figures b. et d. Cette méthode permet d'obtenir un ANTI-CRÉNELAGE efficace.

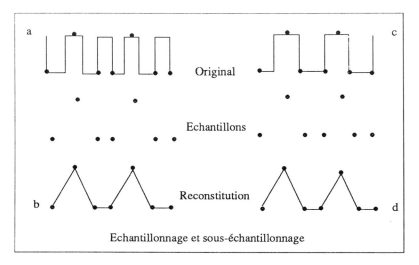

Echantillonnage et sous-échantillonnage

Voir ANTICRÉNELAGE, CRÉNELAGE.

840 saturation
saturation

Niveau de coloration d'une surface, évalué relativement à sa luminosité. La saturation mesure le degré de dilution de la couleur pure dans le blanc. Elle exprime le degré de différence entre la couleur observée et la COULEUR ACHROMATIQUE qui apparaît perceptuellement la plus proche.

841 scale (to)
mettre à l'échelle
changer d'échelle

Agrandir ou réduire un OBJET graphique en multipliant les coordonnées de ses ÉLÉMENTs GRAPHIQUEs par une constante appellée FACTEUR D'ÉCHELLE.

842 scale model
modèle réduit
Voir METTRE A L'ÉCHELLE, CHANGEMENT D'ÉCHELLE.

843 scale unit
unité d'échelle
Voir FACTEUR D'ÉCHELLE, METTRE À L'ÉCHELLE, CHANGEMENT D'ÉCHELLE.

186

844 scaling

changement d'échelle
mise à l'échelle

Opération de TRANSFORMATION GÉOMÉTRIQUE qui consiste à agrandir ou à réduire tout ou partie d'un objet graphique en multipliant les coordonnées de ses ÉLÉMENTs GRAPHIQUEs par une constante appelée FACTEUR D'ÉCHELLE.

845 scaling factor

facteur d'échelle

Indice dont la valeur positive ou négative sert à transformer (réduire ou agrandir) une image affichée à l'écran.

846 scan line algorithm

algorithme des lignes de balayage

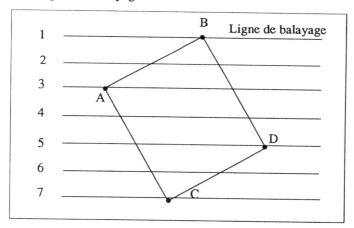

Algorithme de remplissage de surfaces pleines qui opère dans l'ESPACE-IMAGE. Il traite l'image dans l'ordre des lignes de balayage en déterminant les intersections de chaque segment avec une ligne de balayage.

847 scanned texture

texture numérisée

848 scanner

numériseur
scanner

Un scanner est un appareil capable de fournir automatiquement à l'ordinateur une image numérisée. Il comprend une source de lumière constante. Des photo-capteurs recueillent la luminosité réfléchie et émettent une tension proportion-nelle à celle-ci. Ce dispositif est destiné surtout à l'acquisition d'images.

Note. — Le résultat de la numérisation est une image en mode point, des logi-ciels de vectorisation permettent de la convertir en image vectorielle.

849 scattering factor

coefficient de dispersion (de la lumière)

Indice qui, dans une scène de synthèse, détermine la dispersion de la lumière dans de multiples directions par un OBJET graphique ayant des propriétés diffusantes.

850 scattering [diffusion]

dispersion (de la lumière)
diffusion

Phénomène par lequel la répartition spatiale d'un faisceau de rayonnement est changée lorsque le faisceau est dévié dans de multiples directions par un objet graphique ayant des propriétés diffusantes.
Voir RÉFLEXION DIFFUSE, COEFFICIENT DE DIFFUSION.

851 scenario

scénario (d'un film d'animation)

Document contenant une description détaillée de toutes les composantes d'un film d'animation généré par ordinateur (images, séquences, scènes, plans, décors, acteurs de synthèse, êtres de synthèse, etc.). Ce scénario devra prendre en compte les capacités de l'ordinateur et le logiciel à utiliser.
Voir CONDUCTEUR VISUEL, SYNOPSIS, FILM D'ANIMATION.

852 scissoring [clipping]

découpage
fenêtrage
détourage

Le découpage est un procédé d'extraction d'une portion d'image. Son utilisation la plus fréquente est donc la sélection dans une scène générale de l'information nécessaire à l'affichage d'une vue particulière. Le découpage permet la suppres-sion des parties d'éléments graphiques situées à l'extérieur d'une limite, habi-tuellement une FENÊTRE ou une CLÔTURE. Les ALGORITHMEs DE DÉCOUPAGE sont à deux ou à trois dimensions. Ils peuvent être implantés dans le matériel ou par logiciel.

Voir ALGORITHME DE DÉCOUPAGE, PLAN DE DÉCOUPAGE, DÉCOUPAGE DE SEGMENTS DE DROITE, ALGORITHME DE COHEN-SUTHERLAND, RECTANGLE DE DÉCOUPAGE, DÉCOUPAGE DE POLYGONE, FENÊTRE, CLÔTURE.

853 screen coordinates

coordonnées d'écran

854 screen resolution

définition de l'écran
résolution de l'écran

La définition d'un écran, qui correspond à l'inverse de la distance entre 2 points consécutifs, s'exprime en points par pouce. Souvent, on spécifie uniquement la capacité en points de l'écran (par exemple, 1 000 x 1 000).
Voir TAILLE DE L'ÉCRAN.

Note. — Les écrans à haute définition nécessitent une grande précision à tous les niveaux et une plus grande rapidité de fonctionnement, ce qui les rend coûteux.

855 screen size

taille de l'écran
dimension de l'écran

La dimension d'un écran se mesure sur la diagonale de sa surface d'affichage, et s'exprime traditionnellement en pouces.

Un certain surdimensionnement de l'écran, par rapport à l'application visée, permet un meilleur confort de travail de l'utilisateur.

Note. — Les grandeurs courantes d'un écran varient de 12 à 25 pouces.

856 scriptware [script software]

logiciel de script

857 scroll down (to)

défiler vers le bas

Déplacement vers le bas de l'image affichée qui laisse place à des nouvelles parties de l'image à mesure que les anciennes disparaissent vers le haut.

858 scroll (to)

faire défiler
Voir DÉFILEMENT, DÉFILER VER LE HAUT, DÉFILER VERS LE BAS.

859 scroll up (to)
défiler vers le haut

Déplacement vers le haut de l'image affichée qui laisse place à des nouvelles parties de l'image à mesure que les anciennes disparaissent vers le bas.

860 scrolling
défilement

Déplacement vertical ou horizontal du contenu d'un écran de visualisation à l'intérieur d'une fenêtre de telle façon que de nouvelles données apparaissent à un bord alors que d'autres disparaissent au bord opposé.

861 secondary color [complementary color]
couleur secondaire
couleur complémentaire
Voir COULEURS PRIMAIRES SOUSTRACTIVES, COULEURS PRIMAIRES ADDITIVES.

862 secondary light source
source secondaire de lumière

Surface qui, n'émettant pas de lumière par elle-même, reçoit de la lumière et la restitue, au moins partiellement, par réflexion ou par transmission.
Voir SOURCE RÉFLECHISSANTE DE LUMIÈRE.

863 section
coupe
Voir PLAN DE COUPE.

864 segment
segment

Suite de points contigus qui, manipulée comme un tout, forme l'élément de base dans l'affichage d'objets graphiques.

865 segment (to)
segmenter
fractionner

866 segment transformation
transformation de segment

Transformation faisant apparaître les primitives du segment dans des positions (translation), tailles (échelle) et/ou orientations (rotation) variables sur la SURFACE D'AFFICHAGE.

867 set
jeu

Ensemble d'entités de même type.

Exemples : Jeu de caractères, jeu de couleurs, jeu de pixels, jeu de voxels, jeu d'instructions.

868 set of colors
jeu de couleurs

869 shade
nuance

Chacun des degrés par lesquels peut passer progressivement une même couleur.

870 shade (to)
lisser
Voir LISSAGE.

871 shaded color
couleur nuancée
couleur en dégradé
Voir NUANCE.

872 shaded image
image lissée
image ombrée

873 shading
lissage

Effets visuels d'une source lumineuse sur un OBJET graphique. Dans les modèles simples d'éclairement, seul l'objet éclairé est pris en considération (ses propriétés de surface, sa propre ombre). Les réflexions et les ombres des autres objets de la scène ne sont pas prises en compte.

La méthode de LANCER DE RAYON et la méthode de RADIOSITÉ produisent

sur tous les objets d'une scène des effets très subtils et complexes.
Voir LISSAGE, LISSAGE POLYGONAL, LISSAGE DE GOURAUD, LISSAGE DE PHONG.

874 shading model
modèle de lissage

Algorithme qui, dans la phase du rendu, permet de calculer les effets et les niveaux de lumière sur une surface.
Voir LISSAGE, LISSAGE POLYGONAL, LISSAGE DE GOURAUD, LISSAGE DE PHONG, MODÈLE D'ÉCLAIREMENT.

875 shadow
ombre

L'ombre apparaît dès que la position de l'observateur diffère avec celle de la source de lumière. L'ombre est invisible dès que leur position coïncide. Les sources lumineuses ponctuelles simulées en infographie ne génèrent que de l'ombre pure. Les SOURCEs DE LUMIÈRE RÉPARTIEs de dimensions finies provoquent à la fois l'ombre et la pénombre. Alors que la lumière est totalement exclue de la zone d'ombre, la zone de pénombre reçoit de la lumière d'une partie de la source de lumière étendue. Les ombres ne dépendent que de la position de la source lumineuse et non pas de celle de l'observateur. Les ombres contribuent fortement au réalisme des scènes en améliorant la perception de la profondeur.
Voir VOLUME D'OMBRE.

876 shadow animation
animation des ombres

877 shadow boundary [shadow edge]
contour de l'ombre

878 shadow distribution
répartition de l'ombre

879 shadow intensity
intensité de l'ombre

880 shadow processing
traitement de l'ombre

881 shadow volume
volume d'ombre

Le volume d'ombre est la zone de l'espace où un modèle graphique intercepte la lumière. Ce volume est défini par la source de lumière et l'objet lui-même. Généralement, on réduit le volume d'ombre à son intersection avec le VOLUME DE VUE. Les POLYGONEs bordant le volume d'ombre doivent être ajoutés à la liste des polygones formant l'OBJET. En fonction du rendu souhaité, les polygones d'ombre seront visibles ou non.
Voir OMBRE, OMBRE PORTÉE, OBJET CRÉATEUR D'OMBRE.

882 shadow-casting object
objet créateur d'ombre
objet projeteur d'ombre

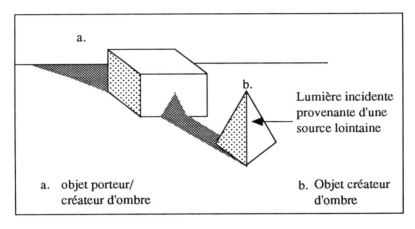

a. objet porteur/ créateur d'ombre

b. Objet créateur d'ombre

Lumière incidente provenante d'une source lointaine

Voir OMBRE, OMBRE PORTÉE, VOLUME D'OMBRE.

883 shadow-mask color CRT
masque perforé du TRC

Le masque perforé est une grille métallique composée de trous qui se trouve entre les CANONs À ÉLECTRONS et la face du tube. La disposition adéquate des canons à électrons permet à leurs faisceaux individuels (RVB) de converger et de se couper sur le masque perforé. Les différentes nuances à l'écran sont obtenues par la variation de la puissance du faisceau d'électrons de chaque COULEUR PRIMAIRE ADDITIVE.
Voir TUBE À RAYONS CATHODIQUES, CANON À ÉLECTRONS, COULEURS PRIMAIRES ADDITIVES.

884 shadowed object
objet porteur d'ombre
Voir OBJET CRÉATEUR D'OMBRE, OMBRE, OMBRE PORTÉE, VOLUME D'OMBRE.

885 shadowing
ombrage

886 shape
forme (d'un objet)

887 shape (to)
modeler (un objet)

Façonner, au moyen de techniques infographiques, un OBJET graphique en vue de lui donner une forme particulière.

888 shape interpolation
interpolation des formes

L'interpolation de deux visages humains est un exemple d'interpolation des formes. Cette méthode consiste à faire calculer à l'ordinateur les IMAGEs INTERMÉDIAIREs entre deux visages en se basant sur le premier et le dernier visage.
Voir ANIMATION PAR INTERPOLATION, IMAGE INTERMÉDIAIRE, INTERPOLATION LINÉAIRE.

889 shape library
bibliothèque de formes (géométriques)

890 shape modeling
modélisation des formes
Voir MODELER.

891 sharpness
finesse (d'une image)
netteté

892 shielding [reverse clipping] [hiding]
masquage

Suppression de tous les ÉLÉMENTs GRAPHIQUEs qui se trouvent à l'intérieur d'une limite donnée dans une zone d'écran. Lorsqu'une zone est masquée, aucune donnée ne peut y apparaître. L'inverse du masquage est le DÉCOUPAGE, qui consiste à extraire une portion d'une image qui doit être visualisée à l'intérieur d'une fenêtre dans une zone d'écran.
Voir DÉCOUPAGE.

893 shimmering light
reflets moirés

894 shiny surface [glossy surface]
surface brillante

Aspect dans lequel on perçoit des reflets lumineux d'objets graphiques comme superposés à la surface par suite des propriétés directionnelles sélectives de cette surface graphique.

895 side lighting
éclairement de côté

896 simulate (to)
simuler

C'est substituer à un phénomène réel complexe un phénomène modélisé numériquement sur un ordinateur. Ce modèle, réalisé et exploité sur ordinateur, traduit un ensemble formalisé d'hypothèses quantitatives précises répondant à des lois physiques, mathématiques, etc. Le modèle de simulation doit être capable de simuler le fonctionnement d'un système de manière que ses produits soient vraisemblables, en accord avec la réalité. Simuler, sur ordinateur, les vibrations d'une aile d'avion ou l'écoulement de l'air autour de celui-ci dans différentes conditions de vol ou le fonctionnement d'un barrage sont des exemples du rôle exploratoire des modèles de simulation. Les simulations numériques sont moins coûteuses que les expériences réelles en grandeur nature ou sur des modèles réduits.

897 single-frame animation [frame-by-frame animation]
animation image par image

L'animation par ordinateur image par image correspond à l'animation traditionnelle. Il faut d'abord calculer les images afin de constituer une suite de dessins représentant les phases successives du mouvement d'un CORPS ou d'un OBJET,

les enregistrer sur bande vidéo ou sur film puis les visualiser ou projeter à une cadence rapide (par exemple 25 images par seconde pour la vidéo PAL/SECAM).
Voir ANIMATION, ANIMATION ALGORITHMIQUE, ANIMATION PAR IMAGES CLÉS, ANIMATION PAR INTERPOLATION PARAMÉTRIQUE, TAUX DE PROJECTION D'IMAGES.

898 size (to)
dimensionner

899 size change
changement de taille (d'une image)
Voir METTRE A L'ÉCHELLE, CHANGEMENT D'ÉCHELLE.

900 sketch
croquis
esquisse

901 slow motion
ralenti

902 smooth
lisse
Voir LISSAGE.

903 smooth surface
surface lisse

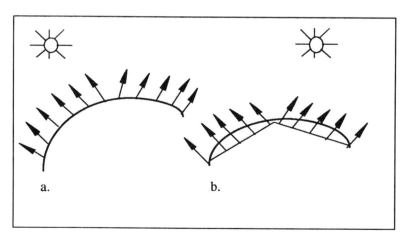

a. b.

Cette figure illustre une surface lissée et une surface qui utilise la technique de l'approximation polygonale.

Voir LISSAGE, LISSAGE POLYGONAL, LISSAGE DE GOURAUD, LISSAGE DE PHONG.

904 smooth (to)

lisser
Voir LISSAGE.

905 smoothing

lissage (d'une surface)
Voir LISSAGE.

906 solid modeling [additive modeling]

modélisation de solides
modélisation additive

La MODÉLISATION additive est la construction d'un modèle à trois dimensions par assemblage de plusieurs objets simples tels que des blocs élémentaires de solides : sphères, cylindres, cônes, polyèdres. Des propriétés physiques, par exemple le poids, le volume, le centre de gravité peuvent être calculés pour ces modèles.
Voir MODÉLISATION, MODÉLISATION SOUSTRACTIVE, GÉOMÉTRIE SOLIDE CONSTRUCTIVE.

907 solid normal

normale du solide

Elle se rapporte à l'orientation du solide, une normale spécifie la direction dans laquelle l'extérieur du solide est orienté vers l'observateur.
Voir NORMALE À LA FACETTE, NORMALE À LA SURFACE.

908 SPARC™ [Scalable Processor ARChitecture]

SPARC™

Architecture d'ordinateurs de SUN Microsystems basée sur la technologie RISC. SPARC est une marque déposée de SPARK International, Inc.

909 spatial transformation

transformation (d'un objet) dans l'espace

910 SPEC, Systems Performance Evaluation Cooperative
SPEC

SPEC est le sigle de Systems Performance Evaluation Cooperative qui est un groupe composé d'une vingtaine de constructeurs dont AT&T, Control Data, Data General, Digital Equipment Corp., Hewlett-Packard, IBM, Intel, Motorola, Sun Microsystems etc. Il a pour objectif d'établir des évaluations normalisées des performances des stations de travail et d'approuver celles annoncées par les constructeurs.

L'évaluation consiste en dix tests de performance tournant sous UNIX. Le résultat de ces mesures standard de l'industrie est appelé SPECmark.

911 SPECmark
SPECmark
Voir SPEC.

912 specular diffraction
diffraction spéculaire

Faculté de renvoyer la lumière dans une direction précise. Une diffraction spéculaire élevée se manifeste par une plus grande netteté de la tache de lumière créée par une SOURCE DE LUMIÈRE PONCTUELLE.

913 specular illumination
éclairement spéculaire
Voir RÉFLEXION SPÉCULAIRE.

914 specular reflection
réflexion spéculaire

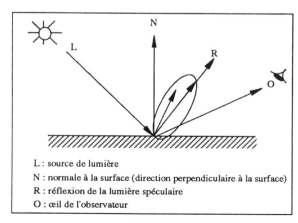

L : source de lumière
N : normale à la surface (direction perpendiculaire à la surface)
R : réflexion de la lumière spéculaire
O : œil de l'observateur

La réflexion spéculaire représente la lumière directement réfléchie dans une direction donnée, qui est fonction de la direction de la LUMIÈRE INCIDENTE. Dans le cas d'une surface réfléchissante (un miroir), la lumière n'est réfléchie que dans une seule direction (l'angle de réflexion est alors égal à l'angle d'incidence).

Note. — La réflexion de la lumière peut être de deux types :

1. la réflexion spéculaire
2. la réflexion diffuse.
Voir RÉFLEXION DIFFUSE.

915 specular reflection color
couleur des reflets spéculaires
Voir RÉFLEXION SPÉCULAIRE.

916 speed up (to)
accélérer

917 spin
pivotement
Voir AXE DE VISÉE, CAMÉRA.

918 spin motion
mouvement rotatif (d'un objet graphique)

919 splines
splines

Courbes définies par des morceaux de courbes de degré limité avec des conditions de continuité aux frontières des morceaux. À l'origine, le mot spline désigne, en anglais, une latte, objet flexible utilisé pour matérialiser des lignes à courbure variable dans des plans de carrosserie ou de coques de bateaux. En infographie, l'importance des splines est qu'elles donnent des courbes très lisses avec un nombre relativement peu élevé de POINTS DE CONTRÔLE. La forme de la spline ne change pas en dépit d'un changement du système de coordonnées par une translation, une rotation ou une mise à l'échelle.
Voir B-SPLINE, β-SPLINE, COURBE DE BÉZIER, SURFACE DE BÉZIER, SURFACE B-SPLINE.

920 spot light
lumière concentrée

Source de lumière donnant un faisceau de lumière concentré. Ce type de source lumineuse est défini géométriquement par sa position et sa mire. L'éclairage du projecteur s'exprime en intensité et en couleur par synthèse additive des valeurs rouge, vert et bleu.

921 spotlight effect
effet produit par un faisceau lumineux concentré

922 spotlighting
éclairement ponctuel

Éclairement destiné, dans une scène graphique, à augmenter fortement l'illumination d'un objet par rapport à l'entourage. Cet éclairage s'exprime en intensité et en couleur par la synthèse additive des valeurs rouge, vert et bleu.

923 static image
image statique

924 static model
modèle statique

Modèle ne comportant pas d'objets qu'on peut déplacer.
Voir MODÈLE DYNAMIQUE

Exemple : La modélisation d'un canoë est un exemple d'un modèle statique.

925 static shot
plan fixe

926 stereoscopic image
image stéréoscopique
Voir EYEPHONE™.

927 still picture [freeze-frame] [stop frame]
image fixe

arrêt sur image
image figée

En animation par ordinateur, FONCTION GRAPHIQUE qui permet de faire un arrêt sur image.

928 still video frame
image vidéo fixe

929 stop frame [still picture] [freeze-frame]
arrêt sur image
image fixe
image figée

En animation par ordinateur, FONCTION GRAPHIQUE qui permet de figer une image sur écran.

930 storage image
image mémoire

Une mémoire d'image sert à stocker les attributs (l'intensité) de chaque PIXEL de l'espace-image.

931 store device
dispositif de stockage
unité de stockage

932 storyboard
conducteur visuel (pour un film d'animation)
storyboard

Série de petits dessins qui se suivent et forment la trame des principaux mouvements d'un film. Le conducteur visuel s'accompagne de légendes décrivant l'action et le son. Sa présentation, qui ressemble un peu à une bande dessinée, forme le plan du FILM D'ANIMATION.
Voir SCÉNARIO, SYNOPSIS, FILM D'ANIMATION.

933 streak (to)
hachurer

934 stretch (to)

étirer

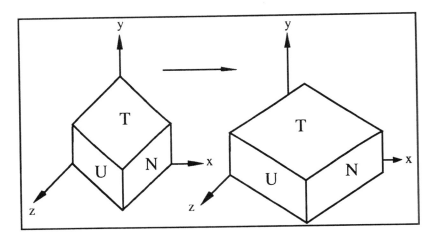

FONCTION GRAPHIQUE qui modifie la taille ou la forme d'un OBJET graphique de façon proportionnelle ou non proportionnelle.

935 stroke

trait (d'image)
segment élémentaire

Ligne droite ou courbe constituant un segment de l'ÉLÉMENT GRAPHIQUE.

936 stroke character generator

générateur de caractères par traits

GÉNÉRATEUR DE CARACTÈRES produisant l'image de chaque CARACTÈRE au moyen de traits.

937 style change

changement de style (de remplissage)

FONCTION GRAPHIQUE qui permet de changer les zones intérieures d'un dessin par un motif graphique, une couleur ou des hachures.

938 stylus

stylet

Stylo spécial équipant une TABLETTE GRAPHIQUE qui contient une cellule photoélectrique. Il est disposé verticalement sur la tablette graphique que l'on déplace en suivant le contour d'un dessin ou pour repérer des positions que la tablette contient. Il agit comme un numériseur.
Voir MENU DE TABLETTE, PHOTOSTYLE.

939 subdued light
lumière tamisée

940 subtraction [intersection]
intersection

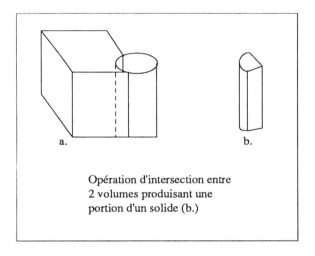

Opération d'intersection entre
2 volumes produisant une
portion d'un solide (b.)

FONCTION GRAPHIQUE sous forme d'OPÉRATION BOOLÉENNE qui, dans la phase de MODÉLISATION, crée un solide à partir du volume résultant de l'intersection de deux solides distincts.
Voir GÉOMÉTRIE SOLIDE CONSTRUCTIVE, DIFFÉRENCE, UNION, SOLIDE, OPÉ-RATION BOOLÉENNE.

941 subtractive modeling
modélisation soustractive

La MODÉLISATION soustractive consiste à retirer des morceaux du modèle principal pour en créer un nouveau.
Voir MODÉLISATION, MODÉLISATION ADDITIVE.

Note. — Ce type de modélisation s'apparente à la sculpture.

942 subtractive primary colors

couleurs primaires soustractives
synthèse soustractive trichrome

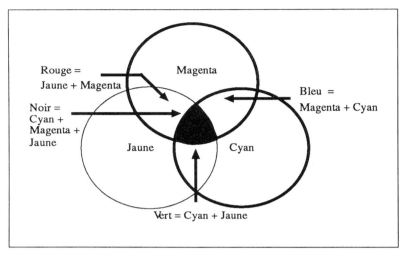

Le système soustractif est le complément du système additif de mélange de couleurs. Le mélange deux à deux des trois couleurs secondaires (cyan, jaune et magenta) produit les couleurs complémentaires suivantes : rouge, vert et bleu. Le mélange du cyan, jaune et magenta donne le noir.
Voir COULEURS PRIMAIRES ADDITIVES.

943 surface attribute

attribut de la surface

Informations décrivant les caractéristiques d'une surface (nature, matière, forme géométrique, intensité, couleur, texture, etc.).

944 surface color

couleur de la surface

Couleur perçue comme appartenant à une surface d'où la lumière apparaît comme étant réfléchie ou émise de façon diffuse.

945 surface emissivity

émissivité de la surface

Surface ayant le pouvoir d'émettre des rayons lumineux.

946 surface modeling
modélisation d'une surface

947 surface normal
normale à la surface

Elle se rapporte à l'orientation de la surface, une normale spécifie la direction dans laquelle l'extérieur de la surface est orienté vers l'observateur.
Voir FACETTE FRONTALE, NORMALE À LA FACETTE.

948 surface reflectance
réflectance de la surface

Réaction d'une surface à une source lumineuse en fonction des propriétés de cette surface.

949 surface reflection
réflexion de la surface

950 surface roughness
rugosité de la surface

951 surface shading
lissage d'une surface

952 surface texture
texture de la surface

953 surface type
type de surface
nature de surface

954 surface-shading algorithm
algorithme de lissage de surface
Voir LISSAGE.

955 swivel (to) [rotate (to)] [pivot (to)]
faire pivoter (une image)

Action qui consiste à faire tourner un OBJET graphique à l'écran autour d'un AXE de référence dont les coordonnées demeurent fixes.

956 synopsis

synopsis

Bref résumé d'un scénario de FILM D'ANIMATION.
Voir SCÉNARIO, STORYBOARD (conducteur visuel), FILM D'ANIMATION.

957 synthesis image

image de synthèse

958 synthesis image animation

animation d'images de synthèse

959 synthetic actor

acteur de synthèse

Un acteur de synthèse n'est pas forcément un être humain mais il peut être un animal ou même un objet tel qu'une horloge qui fonctionne en répondant à des lois physiques dans une scène de synthèse.
Voir DÉCOR DE SYNTHÈSE, ANIMATION ALGORITHMIQUE.

960 synthetic camera

caméra synthétique
Voir CAMÉRA.

961 synthetic decor

décor de synthèse

Le décor de synthèse est une collection d'objets graphiques statiques généralement stockés dans une base de données. À titre d'exemple, une chambre composée d'une table, de chaises, de bibelots, d'un canapé et d'un lustre est un décor de synthèse. En l'absence d'ACTEURs DE SYNTHÈSE dans ce décor, une telle scène peut être animée par le mouvement de la CAMÉRA virtuelle ou par la variation des PARAMÈTRES DE LA LUMIÈRE.
Voir ACTEUR DE SYNTHÈSE, CAMÉRA.

962 synthetic facial tissue

tissu facial synthétique

TEXTURE simulant la peau humaine qui viendra se tapisser sur le visage de l'être de synthèse lors de l'opération de PLACAGE DE TEXTURE.
Voir TEXTURE, PLACAGE DE TEXTURE.

963 synthetic light

lumière de synthèse

964 tablet

tablette

Surface plane spéciale permettant de repérer chacune des positions qu'elle contient, et servant le plus souvent d'un RELEVEUR DE COORDONNÉES.
Voir TABLETTE GRAPHIQUE, TABLETTE ACOUSTIQUE, STYLET, CURSEUR RÉTICULAIRE, MENU DE TABLETTE.

965 tablet menu

menu de tablette

Liste d'options inscrites sur une tablette à l'intention d'un utilisateur et à partir de laquelle celui-ci peut choisir une action à lancer.
Voir STYLET, TABLETTE GRAPHIQUE, TABLETTE ACOUSTIQUE.

966 tablet pen

crayon de tablette (à numériser)

Stylo spécial contenant une cellule photoélectrique ; il est disposé verticalement sur une TABLETTE GRAPHIQUE et on le déplace en suivant le contour d'un dessin ou pour repérer des positions que la tablette contient. Il agit comme un NUMÉRISEUR.
Voir MENU DE TABLETTE.

967 tactile screen [touch screen]
écran tactile

La détection peut être faite en disposant deux réseaux de diodes photoémissives et de capteurs de manière à traverser toute la surface de l'écran horizontalement et verticalement. Le doigt va alors simplement interrompre un ou plusieurs faisceaux donnant directement sa position. Une autre technique utilise deux films minces transparents, l'un étant bon conducteur, l'autre étant résistif. En pressant avec le doigt, les deux films sont mis en contact à cet endroit, ce qui engendre une variation des tensions permettant de localiser la position.

Note. — Cette désignation directe sur l'écran avec un doigt est requise principalement pour le choix d'un menu ou pour les applications multimédia ne nécessitant pas une grande précision.

968 taper
conicité
Forme conique.

969 taper (to)
ajuster en cône
fuseler

970 teleinformatics [teleprocessing]
téléinformatique
télétraitement

Association de techniques des télécommunications et de l'informatique afin de traiter des informations à distance.

971 telepresence
téléprésence

La notion de téléprésence en infographie a été développée aux Etats-Unis par la NASA dans le cadre du projet VIVED (Virtual Visual Environment Display) et du Projet VIEW (Virtual Interface Environment Workstation), qui permet à un utilisateur de se transporter virtuellement à distance en utilisant la télérobotique comme intermédiaire via une liaison de télécommunications. L'utilisateur équipé d'une VISIÈRE et de tout autre équipement de RÉALITE VIRTUELLE peut voir ce que voit le télérobot lui-même équipé de deux caméras. L'objectif principal de la téléprésence est de pouvoir intervenir et travailler à distance en milieu hostile (centrale nucléaire) ou au fond des mers ou à l'extérieur d'une navette

spatiale. L'utilisateur se repère à l'écran à l'aide d'un modèle virtuel en images de synthèse qui représente le site où se trouve réellement le télérobot qui reproduit alors tout ce que fait l'opérateur humain.
Voir RÉALITE VIRTUELLE, EYPHONE, DATAGLOVE.

972 template

gabarit
calibre
modèle

973 texel [texture element]

texel (élément de texture)

Le plus petit ÉLÉMENT GRAPHIQUE d'une TEXTURE.

974 text fade-in

apparition graduelle de texte

Effet visuel par lequel le texte affiché à l'écran apparaît graduellement.

975 text fade-out

disparition graduelle de texte

Effet visuel par lequel le texte affiché à l'écran disparaît graduellement.

976 texture

texture

On appelle texture le détail de la surface d'un OBJET graphique. La texture est utilisée pour enlever l'aspect lisse et artificiel des objets générés par ordinateurs. Il existe généralement deux méthodes de modification de la surface des objets graphiques :

1. PLACAGE DE TEXTURE

2. PLACAGE DE RUGOSITÉ

Le premier consiste à ajouter à une surface lisse un motif élaboré séparément.

Le second consiste à simuler sur une surface une certaine rugosité par perturbation de la lumière issue (réfléchie, diffusée) de cette surface.
Voir PLACAGE DE TEXTURE, PLACAGE DE RUGOSITÉ, TEXTURE CALCULÉE.

977 texture generation
génération de texture

978 texture library
bibliothèque de textures

979 texture mapping [pattern mapping]
placage de texture

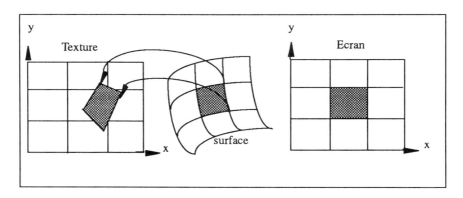

Technique qui consiste à tapisser une surface au moyen d'une image numérisée. Cette adjonction est une fonction de topographie mémoire, c'est-à-dire la transformation du système de coordonnées de la TEXTURE numérisée vers le système de coordonnées de la surface générée par l'ordinateur.

Note. — Catmull est le premier à proposer d'appliquer un motif de texture à une surface lisse.
Voir TEXTURE, TEXTURE CALCULÉE, PLACAGE DE RUGOSITÉ.

980 texture pattern
motif de texture

981 texture pixel
pixel de texture
Voir TEXEL.

982 texture pixel intensity
intensité des pixels de texture

983 texture sharpness
finesse de la texture

984 texture voxel
voxel de texture (élément de volume de la texture)
Voir VOXEL.

985 texture voxel intensity
intensité des voxels de texture
Voir VOXEL.

986 textured surface
surface texturée

987 thermal plotter
traceur thermique

988 three-dimensional animation
animation à trois dimensions (tridimensionnelle)

989 three-dimensional computer graphics
infographie tridimensionnelle

990 three-dimensional display
affichage tridimensionnel

991 three-dimensional matrix
matrice à trois dimensions

992 three-dimensional model
modèle tridimensionnel

993 three-dimensional model animation
animation d'un modèle tridimensionnel

994 three-dimensional orientation
orientation spatiale

995 three-dimensional rendering
rendu tridimensionnel

996 three-dimensional shape
forme à trois dimensions (tridimensionnelle)

997 three-dimensional texture
texture à trois dimensions (tridimensionnelle)

998 three-dimensional view
vue tridimensionnelle

999 TIFF (tagged image-file)
TIFF

Sigle de Tag Image File Format. Format de fichier graphique développé par Aldus et Microsoft. Ce format est devenu un standard de facto au niveau de transfert de fichier bitmap. Il existe 5 versions différentes de TIFF :

– TIFF-B : images à 2 niveaux (noir et blanc)

– TIFF-G : images à niveaux de gris

– TIFF-P : images en couleurs utilisant une palette de couleurs

– TIFF-R : images en couleurs codées en RVB (vraies couleurs)

– TIFF-X : images utilisant l'ensemble des TIFF-B.G.P.R.

1000 tilt-up
contre-plongée

Effet visuel dans lequel la CAMÉRA virtuelle semble se déplacer verticalement du bas vers le haut.
Voir CAMÉRA, MOUVEMENT VERTICAL, PANORAMIQUE, EFFET DE PANORAMIQUE.

1001 tilt-up view [low-angle shot]
vue en contre-plongée
plan en contre-plongée

Prise de vue de la CAMÉRA virtuelle faite de bas en haut dans une scène de synthèse.
Voir CAMÉRA, PLAN EN PLONGÉE, MOUVEMENT VERTICAL.

1002 tilting

mouvement vertical

En animation par ordinateur, FONCTION GRAPHIQUE qui permet d'effectuer une translation progressive d'un OBJET ou d'une scène graphique donnant ainsi l'impression d'un mouvement vertical à l'écran.
Voir EFFET DE PANORAMIQUE, PANORAMIQUE, CONTRE-PLONGÉE.

1003 tone

ton
tonalité

Couleur considérée du point de vue de son intensité lumineuse (valeur) et de son degré de saturation.
Voir ÉCHELLE DE NUANCES.

1004 tone control

réglage de tonalité
Voir TON, ÉCHELLE DE NUANCES.

1005 tone scale

échelle de nuances

1. Échelle des valeurs relatives du clair au foncé le plus souvent symbolisée par les variations de gris séparant le noir du blanc mais également applicable aux couleurs.

2. Toute valeur donnée de clarté ou d'intensité d'une image de synthèse.
Voir TON.

1006 tools menu

menu d'outils

Liste d'outils de dessin affichés sur un écran par une application infographique à l'intention d'un utilisateur et à partir de laquelle celui-ci peut choisir l'outil désiré pour son dessin.

Note. — Exemples de quelques outils : crayon, gomme, pinceaux.

1007 torsion [twisting]

torsion

FONCTION GRAPHIQUE qui permet une déformation d'un OBJET graphique en exerçant à l'une de ses parties un mouvement de ROTATION transversal (les autres parties restant fixes ou étant soumises à un mouvement de sens contraire).

1008 TouchGlove™

TouchGlove™
gant sensitif
Voir DATAGLOVE™.

1009 track ball [rolling ball]

boule de commande
boule roulante

Dispositif graphique d'entrée ayant une boule semi-apparente mobile autour de son centre logée dans un boîtier. On la fait tourner dans toutes les directions avec la paume de la main. Les mouvements de la boule de ce releveur de coordonnées sont codés et définissent le déplacement d'un CURSEUR à l'écran.
Voir SOURIS.

Note. — Ce dispositif d'entrée sert le plus souvent comme RELEVEUR DE COORDONNÉES ou DISPOSITIF DE DÉSIGNATION.

1010 tracking symbol [tracking pattern]

symbole de poursuite

Symbole graphique, apparaissant à l'écran, ayant généralement la forme d'une croix dont la dimension est supérieure au diamètre du photostyle. Il est asservi aux déplacements du photostyle et utilisé pour indiquer la position correspondant aux coordonnées relevées.

1011 transformation matrix

matrice de transformation

1012 translation

translation (d'une image)

Application d'un déplacement constant à un OBJET graphique affiché à l'écran en se servant de ses coordonnées géométriques et en les préservant.

1013 translucency (blurry transparency)

translucidité (transparence floue)

Qualité d'un objet graphique transmettant le rayonnement visible essentiellement

214

par TRANSMISSION DIFFUSE, de sorte que les objets ne sont pas vus distinctement au travers de l'objet graphique.
Voir TRANSPARENCE, OPACITÉ, TRANSMISSION DIFFUSE.

1014 translucent

translucide

Qualité d'un objet graphique qui est perméable à la lumière, la laisse passer, mais ne permet pas de distinguer d'une façon nette les objets se trouvant derrière.
Voir TRANSLUCIDITÉ, TRANSPARENCE, TRANSPARENT, TRANSMISSION.

1015 transmission

transmission

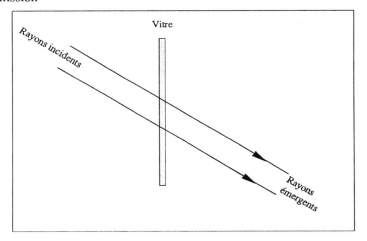

Passage d'un rayonnement à travers un objet graphique TRANSPARENT ou TRANSLUCIDE. Les rayons ayant traversé un corps transparent sont dits RAYONS ÉMERGENTS ou RAYONS TRANSMIS.

Note. — Par opposition, les objets ne transmettant pas les rayonnements sont dits OPAQUEs.
Voir TRANSMISSION REGULIÈRE, TRANSMISSION DIFFUSE, TRANSMISSION MIXTE.

1016 transparency

transparence

Objet graphique dans lequel la TRANSMISSION REGULIÈRE est essentielle. Au travers d'un objet graphique transparent, les objets sont vus distinctement.
Voir TRANSLUCIDITÉ, OPACITÉ.

1017 transparent

transparent

Un objet graphique est dit transparent lorsqu'il transmet la majeure partie de la lumière qui le frappe : elle le traverse et atteint les objets situés derrière lui.
Voir TRANSMISSION, TRANSPARENCE, TRANSLUCIDE, TRANSLUCIDITÉ.

1018 transparent color

couleur transparente

1019 transparent shading

lissage transparent
ombrage transparent

1020 transparent tint

teinte transparente

1021 travelling shot

plan en mouvement
Voir EFFET DE PANORAMIQUE, PANORAMIQUE.

1022 triangulation

triangulation

FONCTION GRAPHIQUE qui, dans la phase de MODÉLISATION, partage chacun des POLYGONEs qui composent les surfaces d'un solide en un réseau de triangles.

1023 tumbling

culbute

Affichage d'un objet graphique tridimensionnel dont l'axe de rotation est en mouvement continu dans l'espace.

1024 twisting [torsion]

torsion

FONCTION GRAPHIQUE qui permet une déformation d'un OBJET graphique en exerçant à l'une de ses parties un mouvement de ROTATION transversal (les autres parties restant fixes ou étant soumises à un mouvement de sens contraire).

1025 two-dimensional

bidimensionnel

plan

Un SYSTÈME GRAPHIQUE dit à deux dimensions (2D) si la représentation interne de l'information graphique dans l'ordinateur est à deux dimensions. Un système graphique sera à trois dimensions (3D) lorsque l'ordinateur a connaissance de l'information tridimensionnelle. Il faut aussi remarquer que l'espace à deux dimensions peut être considéré comme un cas particulier d'espace à trois dimensions dont la troisième dimension Z est toujours nulle.

1026 two-dimensional primitive

primitive bidimensionnelle

primitive plane

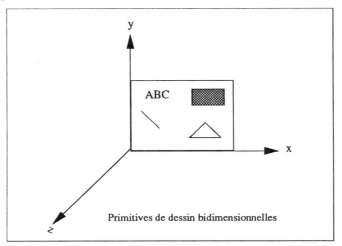

Primitives de dessin bidimensionnelles

Éléments de base d'un logiciel infographique (point, SEGMENT, surface, POLYGONE, texte). Ces éléments graphiques peuvent être manipulés et combinés entre eux pour former un objet bidimensionnel plus complexe.
Voir PRIMITIVE GRAPHIQUE.

1027 two-dimensional view

vue bidimensionnelle

vue plane

U

1028 unblock (to)

dégrouper (les différents éléments d'un objet)

1029 uniform B-spline

B-spline uniforme

Courbes et surfaces du type B-splines uniformes passant rarement par leurs POINTS DE CONTRÔLE. Elles sont très lisses et peuvent être contrôlées localement sans générer des points de cassure. Il est difficile de modéliser des angles vifs avec des B-splines uniformes.

1030 union

union

FONCTION GRAPHIQUE sous forme d'OPÉRATION BOOLÉENNE qui, dans la phase de MODÉLISATION, crée un solide à partir de l'union des volumes de deux solides séparés.

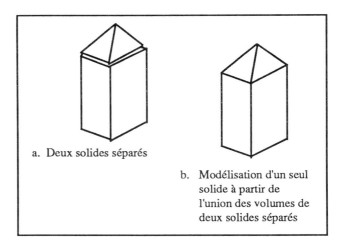

a. Deux solides séparés

b. Modélisation d'un seul solide à partir de l'union des volumes de deux solides séparés

Voir GÉOMÉTRIE SOLIDE CONSTRUCTIVE, DIFFÉRENCE, INTERSECTION, SOLIDE, OPÉRATION BOOLÉENNE.

1031 unpack (to)
décomprimer (les données d'une image)
décondenser
Voir COMPRESSION.

1032 user coordinate, [world coordinates, WC]
coordonnées d'utilisateur, CU
coordonnées universelles, CU
Voir COORDONNÉES UNIVERSELLES.

1033 VDU, visual display unit

unité d'affichage visuel
Voir AFFICHAGE À CRISTAUX LIQUIDES, ÉCRAN GRAPHIQUE COULEUR, ÉCRAN TACTILE, ÉCRAN À PLASMA.

1034 VE, virtual environment

EV, environnement virtuel
Voir ENVIRONNEMENT VIRTUEL, RÉALITÉ VIRTUELLE.

1035 vector

vecteur

Segment de droite auquel on attribue une orientation en précisant son origine et son extrémité.

1036 vector generator

générateur de vecteurs

Unité fonctionnelle qui produit à l'écran ou sur un traceur des segments de droite orientés.

1037 vector graphics
graphique vectoriel

1038 vector plotter
traceur vectoriel

1039 vertex
sommet

Sommet d'un angle, d'une COURBE ou d'un POLYGONE.
Voir MODÉLISATION D'UNE FACETTE.

1040 vertical coordinates
coordonnées verticales

1041 vertical flip
rotation verticale

1042 vertical scrolling
défilement vertical

Défilement de l'image seulement vers le haut ou vers le bas.
Voir DÉFILEMENT, DÉFILEMENT HORIZONTAL.

1043 video acquisition
acquisition vidéo

1044 video acquisition board
carte d'acquisition vidéo

1045 video board [video card]
carte vidéo

1046 video data
données vidéo

1047 video frame [video image]
image vidéo

1048 video processing board
carte de traitement vidéo

1049 videoconference
visioconférence
vidéoconférence

Téléconférence dans laquelle les participants sont reliés par des circuits de télévision afin de permettre la transmission d'images animées synchronisées à la parole.

1050 videography
vidéographie

Forme de télécommunication dans laquelle des données graphiques ou textuelles sont transmises sous forme numérique, de façon à permettre leur sélection et leur présentation sur un écran chez un usager.

1051 view
vue

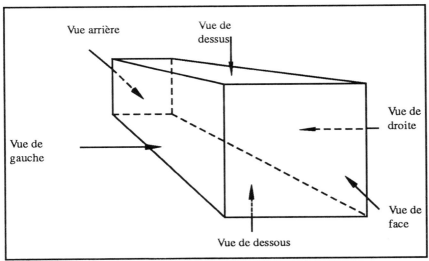

Une des représentations d'un objet tridimensionnel.

1052 view field
champ de vue

1053 view form the right

vue de droite
Voir VUE.

1054 view from above

vue de dessus
Voir VUE.

1055 view from below

vue de dessous
Voir VUE.

1056 view from the left

vue de gauche
Voir VUE.

1057 view from the rear

vue de l'arrière
Voir VUE.

1058 view mapping matrix

matrice de projection de vue

Matrice qui spécifie la transformation des points des COORDONNÉES DE RÉFÉRENCE DE VUE (CRV) dans le système des COORDONNÉES DE PROJECTIONS NORMÉES (CPN).
Voir COORDONNÉES DE RÉFÉRENCE DE VUE, COORDONNÉES DE PROJECTIONS NORMÉES.

1059 view mode

mode (de) visualisation

1060 view orientation matrix

matrice d'orientation de vue

Matrice qui spécifie la transformation des points de COORDONNÉES UNIVERSELLES (CU) dans le système de COORDONNÉES DE RÉFÉRENCE DE VUE (CRV).

1061 view plane distance

distance de plan de vue

La distance entre le PLAN DE VUE et le POINT DE RÉFÉRENCE DE VUE mesurée parallèlement au vecteur normal du plan de vue dans le SYSTÈME DE COORDONNÉES DE RÉFÉRENCE DE VUE.
Voir PLAN DE VUE.

1062 view plane normal
normale au plan de vue

Un VECTEUR en COORDONNÉES UNIVERSELLES, relatif au POINT DE RÉFÉRENCE DE VUE, qui définit l'axe des N dans l'espace des COORDON-NÉES DE RÉFÉRENCE DE VUE.
Voir COORDONNÉES UNIVERSELLES, POINT DE RÉFÉRENCE DE VUE, COOR-DONNÉES DE RÉFÉRENCE DE VUE.

1063 view plane [projection plane]
plan de vue
plan de projection
plan de visualisation

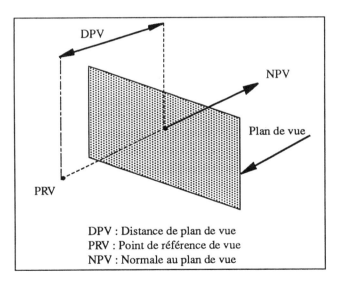

DPV : Distance de plan de vue
PRV : Point de référence de vue
NPV : Normale au plan de vue

La position et l'orientation du plan de vue sont définies par le POINT DE RÉFÉRENCE DE VUE (PRV) dans les coordonnées absolues et LA NORMALE AU PLAN DE VUE (NPV).
D'autres paramètres de visualisation peuvent s'avérer nécessaires à certaines projections, comme les points de fuite ou la DISTANCE DE PLAN DE VUE.

1064 view reference coordinate, VRC
coordonnées de référence de vue, CRV

Système de coordonnées cartésiennes tridimensionnelles dans lequel sont spécifiés les paramètres pour la transformation de la projection de vue. La position et l'orientation de ce système de coordonnées sont définies relativement aux COORDONNÉES UNIVERSELLES par le POINT DE RÉFÉRENCE DE VUE, la NORMALE AU PLAN DE VUE et le vecteur hauteur de vue. Les vecteurs unitaires de ce système sont de longueur égale par rapport aux vecteurs du système des COORDONNÉES D'APPAREIL NORMÉES (CAN).
Voir COORDONNÉES UNIVERSELLES, POINT DE RÉFÉRENCE DE VUE, PLAN DE VUE, NORMALE AU PLAN DE VUE, VECTEUR, COORDONNÉES D'APPAREIL NORMÉES.

1065 view reference point, VRP
point de référence de vue, PRV

Un point dans l'espace à trois dimensions en COORDONNÉES D'APPAREIL ou en COORDONNÉES UNIVERSELLES qui définit l'origine du système de COORDONNÉES DE RÉFÉRENCE DE VUE.
Voir COORDONNÉES D'APPAREIL, COORDONNÉES UNIVERSELLES, COORDONNÉES DE RÉFÉRENCE DE VUE.

1066 view
visualiser
Voir AFFICHER

1067 view volume
volume de vue

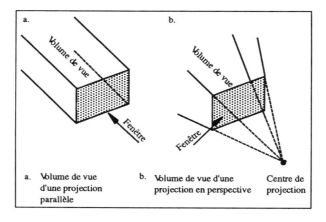

a. Volume de vue d'une projection parallèle
b. Volume de vue d'une projection en perspective — Centre de projection

Le volume de vue est la partie visible pour un observateur et il est déterminé par la FENÊTRE DE VUE définie à la fois dans le PLAN DE VUE (le PLAN DE PROJECTION), l'AVANT-PLAN, l'ARRIÈRE-PLAN, et les PROJECTEURS passant par les coins de la fenêtre de vue. Si le type de projection est perspectif, tous les projecteurs passent par le POINT DE RÉFÉRENCE DE PROJECTION (CENTRE DE PROJECTION), et le volume de vue n'est donc pas visible. Si le type de projection est parallèle, les projecteurs sont parallèles au VECTEUR joignant le point de référence de projection au centre de la fenêtre de vue : le volume de vue est ici un parallélépipède. Dans les applications bidimensionnelles, le volume de vue se réduit à la fenêtre de vue.

Voir FENÊTRE DE VUE, PLAN DE VUE, AVANT-PLAN, ARRIÈRE-PLAN, PROJECTEURS, POINT DE RÉFÉRENCE DE PROJECTION.

1068 view window

fenêtre de vue

Un rectangle dans le PLAN DE VUE. Les PROJECTEURS passant par les coins de la fenêtre de vue définissent les surfaces à gauche, à droite, en haut et en bas du VOLUME DE VUE.

Voir PLAN DE VUE, VOLUME DE VUE, PROJECTEURS.

1069 viewing axis

axe de visée

axe de vue

L'axe de visée est un paramètre asssocié à la CAMÉRA virtuelle. Sa position est caractérisée par un point de COORDONNÉEs x, y, z et un autre point du même type est accordé pour déterminer la direction vers laquelle la caméra pointe. Le VECTEUR reliant ces deux points de l'espace (position et direction) forme l'axe de visée. La qualité de l'animation est obtenue en fonction d'un déplacement judicieux et adéquat de ces deux points formant l'axe de visée.

Voir CAMÉRA.

1070 viewing transformation [normalization transformation] [windowing transformation]

transformation de visualisation

transformation de normalisation

transformation de fenêtrage

Voir TRANSFORMATION DE NORMALISATION, COORDONNÉES UNIVERSELLES, CLÔTURE.

1071 viewport

clôture

FONCTION GRAPHIQUE représentant un rectangle délimité dans le système de COORDONNÉES D'APPAREIL. C'est une zone de l'espace d'arrivée sur laquelle sont affichés des ÉLÉMENTs GRAPHIQUEs préalablement sélectionnés dans une FENÊTRE délimitée dans le système de COORDONNÉES UNIVERSELLES (espace départ). Ce passage de FENÊTRE à CLÔTURE est appelé TRANSFORMATION DE NORMALISATION (TN).
Voir FENÊTRE, COORDONNÉES UNIVERSELLES, COORDONNÉES D'APPAREIL, TRANSFORMATION DE NORMALISATION.

1072 viewport overlapping
chevauchement des clôtures

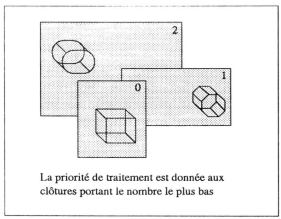

La priorité de traitement est donnée aux clôtures portant le nombre le plus bas

Voir CLÔTURE, FENÊTRE, COORDONNÉES UNIVERSELLES.

1073 virtual camera
caméra virtuelle
Voir CAMÉRA.

1074 virtual device coordinates, VDC
coordonnées d'appareil virtuel, CAV

Coordonnées qui permettent de spécifier la position dans l'espace CAV. Ces coordonnées sont bidimensionnelles et absolues.

1075 virtual environment, VE
environnement virtuel, EV

L'environnement virtuel est une simulation graphique tridimensionnelle de l'environnement réel.
Voir RÉALITE VIRTUELLE.

1076 virtual eye

œil virtuel
Voir CAMÉRA, POSITION DE L'ŒIL.

1077 virtual reality, VR

réalité virtuelle, RV

Espace artificiel visualisé à l'aide de techniques de synthèse d'images et dans lequel on peut se déplacer et interagir. L'impression du déplacement physique et de l'exploration dans un environnement graphique tridimensionnel est donnée par :

– une vision stéréoscopique totale (voir EYEPHONE)

et/ou

– une sensation de corrélation musculaire entre les mouvements réels du corps et les modifications apparentes de l'environnement graphique de synthèse dans lequel l'utilisateur est plongé (Voir DATAGLOVE).
Voir TÉLÉPRESENCE.

1078 virtual space

espace virtuel

Espace dans lequel les coordonnées des ÉLÉMENTs GRAPHIQUEs sont exprimées sous une forme indépendante de l'appareil.

1079 virtual storage

mémoire virtuelle

1080 visible face

face visible

Une face d'un POLYGONE est visible quand la normale à sa surface est orientée vers l'observateur.
Voir NORMALE DE LA SURFACE, NORMALE DE LA FACETTE.

1081 vision volume

volume de vision
Voir VOLUME DE VUE.

1082 vision-based obstacle avoidance

évitement d'obstacles sur la base de la vision

En animation par ordinateur, possibilité pour un ACTEUR DE SYNTHÈSE d'éviter des obstacles en se basant sur sa vision synthétique de la scène graphique dans laquelle il évolue.

1083 volume modeling
modélisation de volume

Un volume nécessite, pour être complétement défini et facilement manipulable, d'être spécifié de manière complète par ses sommets, ses arêtes et ses faces. La liste des arêtes permet l'affichage filiforme qui correspond aux algorithmes d'ÉLIMINATION DES LIGNES CACHÉES. La liste des faces permet quand à elle l'affichage en surface.
Voir ÉLIMINATION DES LIGNES CACHÉES, CUBE.

1084 volume of revolution
volume de révolution

Les volumes ayant une structure géométrique à facettes peuvent être générés interactivement par rotation d'une génératrice pour modéliser un volume de révolution. La création de l'objet graphique se fait en deux dimensions. Une fois que l'utilisateur a dessiné la ligne polygonale représentant la génératrice, la génération de la structure de données décrivant le volume à facettes se fait alors de manière entièrement automatique.

1085 voxel array [voxel matrix]
matrice de voxel
Voir VOXEL.

1086 voxel attribute
attribut du voxel

Informations décrivant les caractéristiques d'un VOXEL (intensité, couleur,...).
Voir VOXEL.

1087 voxel color level
intensité de la couleur du voxel
Voir VOXEL.

1088 voxel data
données du voxel
Voir VOXEL, CODAGE EN OCTRÉE.

1089 voxel display

affichage des voxels
Voir VOXEL.

1090 voxel display intensity

intensité d'affichage du voxel
Voir VOXEL.

1091 voxel format

format du voxel
Voir VOXEL.

1092 voxel illumination

éclairement des voxels
Voir VOXEL.

1093 voxel intensity

intensité du voxel
Voir VOXEL.

1094 voxel (volume element)

voxel (élément de volume)

Le plus petit élément de volume ayant une forme cubique d'un espace tridimensionnel auquel on puisse attribuer des caractéristiques individuelles comme la couleur ou l'intensité.
Voir CODAGE EN OCTRÉE.

1095 voxel zoom factor

facteur d'agrandissement du voxel par focale
Voir VOXEL.

1096 voxelization

voxelisation

Processus permettant de convertir une représentation géométrique d'un modèle de synthèse en un jeu de voxels qui représente au mieux ce modèle de synthèse dans un espace-voxel discret.
Voir VOXEL, CODAGE EN OCTRÉE.

1097 VR, virtual reality
RV, réalité virtuelle
Voir RÉALITÉ VIRTUELLE.

1098 VRC, view reference coordinate system
CRV, système de coordonnées de référence de vue
Voir COORDONNÉES DE RÉFÉRENCE DE VUE.

1099 VRP, view reference point
PRV, point de référence de vue
Voir POINT DE RÉFÉRENCE DE VUE.

1100 WC, world coordinates [user coordinates]
CU, coordonnées universelles
CU, coordonnées d'utilisateur
Voir COORDONNÉES UNIVERSELLES.

1101 whiteness parameter
paramètre blancheur

Une valeur élevée de blancheur dans la phase de rendu d'une matière telle que le verre produit une valeur élevée de transparence.

1102 window
fenêtre

FONCTION GRAPHIQUE représentant un rectangle délimité dans le système de COORDONNÉES UNIVERSELLES (coordonnées d'utilisateur) qui est une zone de l'espace départ sur laquelle sont affichées des ÉLÉMENTs GRAPHIQUEs. Le rectangle qui apparaît sur le DISPOSITIF D'AFFICHAGE dans lequel le contenu de la FENÊTRE est mappé s'appelle CLÔTURE. C'est une zone de l'espace d'arrivée dans le système de COORDONNEÉS D'APPAREIL. Ce passage de fenêtre à CLÔTURE est appelé : TRANSFORMATION DE NORMALISATION (TN).

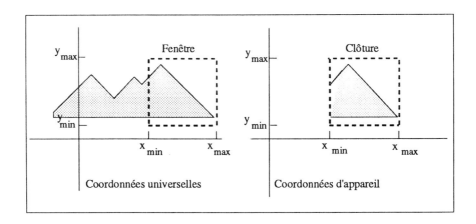

Voir CLÔTURE, COORDONNÉES UNIVERSELLES, COORDONNÉES D'APPAREIL, TRANSFORMATION DE NORMALISATION.

1103 window boundary
limite de la fenêtre

Limites de FENÊTRE définies par l'utilisateur dans le système de COORDON-NÉES UNIVERSELLES.
Voir FENÊTRE, CLÔTURE.

1104 windowing transformation [normalization transformation] [viewing transformation]
transformation de fenêtrage
transformation de normalisation
transformation de visualisation
Voir TRANSFORMATION DE NORMALISATION, COORDONNÉES UNIVERSELLES, CLÔTURE.

1105 wipe
effet de volet

Effet spécial en ANIMATION par ordinateur : balayage de l'image de synthèse par une autre qui l'escamote ou la découvre.

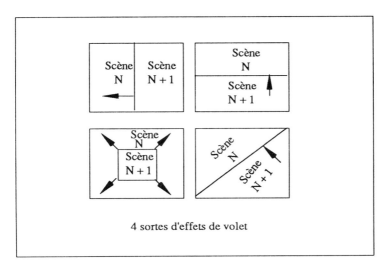

4 sortes d'effets de volet

Voir FONDU ENCHAÎNÉ.

1106 wire-frame display

affichage en fil de fer
affichage en mode filaire
affichage filiforme

Présentation à l'écran d'un objet graphique tridimensionnel avec toutes ses arêtes et tous ses sommets sans ÉLIMINATION DES LIGNES CACHÉES.

1107 wire-frame drawing

tracé en fil de fer
tracé en mode filaire
tracé filiforme

Tracé à deux dimensions sur papier produit par une TABLE TRAÇANTE, montrant toutes les arêtes et tous les sommets d'un objet à trois dimensions sans ÉLIMINATION DES LIGNES CACHÉES.
Voir REPRÉSENTATION EN FIL DE FER.

1108 wire-frame generation

génération en fil de fer
génération en mode filaire
génération filiforme
Voir REPRÉSENTATION EN FIL DE FER, TRACÉ EN FIL DE FER.

1109 wire-frame image

image en fil de fer
image en mode filaire
image filiforme
Voir REPRÉSENTATION EN FIL DE FER, TRACÉ EN FIL DE FER.

1110 wire-frame model

modèle en fil de fer
modèle filaire
modèle filiforme
Voir REPRÉSENTATION EN FIL DE FER, TRACÉ EN FIL DE FER.

1111 wire-frame representation

représentation en fil de fer
représentation en mode filaire
représentation filiforme

Mode d'affichage montrant toutes les arêtes et tous les sommets d'un objet graphique à trois dimensions sans ÉLIMINATION DES LIGNES CACHÉES.
Voir TRACÉ EN FIL DE FER.

1112 wire-frame view

vue en fil de fer
vue en mode filaire
vue filiforme
Voir REPRÉSENTATION EN FIL DE FER.

1113 workstation viewport

clôture du poste de travail

La CLÔTURE est définie dans l'espace des coordonnées de l'appareil. Toutes les sorties graphiques apparaissent dans le volume de la CLÔTURE.
Voir CLÔTURE, FENÊTRE, COORDONNÉES UNIVERSELLES.

1114 world coordinates, WC [user coordinates]

coordonnées universelles, CU
coordonnées d'utilisateur, CU

FONCTION GRAPHIQUE où les coordonnées cartésiennes indépendantes de l'appareil sont utilisées pour spécifier les entrées et les sorties graphiques dans un système de coordonnées universelles. La transposition des coordonnées universelles (coordonnées d'utilisateur) en COORDONNÉES D'APPAREIL (CA) se

fait en deux étapes en passant par un système intermédiaire : COORDONNÉES D'APPAREIL NORMÉES (CAN). La 1re étape, TRANSFORMATION DE NORMALISATION, qui correspond au passage des coordonnées universelles (CU) en coordonnées d'appareil normées (CAN), consiste à disposer, l'une par rapport à l'autre (indépendamment des appareils), les parties d'image définies dans les divers systèmes d'utilisateur. La 2e étape, TRANSFORMATION DE POSTE DE TRAVAIL (TPT), qui correspond au passage des CAN en CA, consiste à transposer le résultat en entier ou en partie dans le système propre à chaque appareil.
Voir FENÊTRE, CLÔTURE.

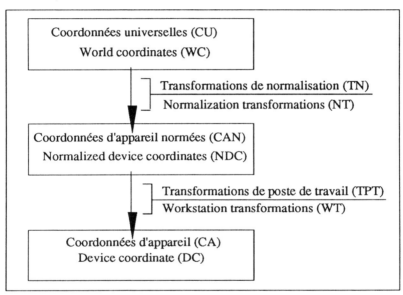

1115 wraparound
bouclage

Action de traiter la partie d'une image qui déborde de l'ESPACE D'AFFICHAGE en la faisant apparaître vers le bord opposé de cet espace.

1116 X Window system™
système X Window™

X Window est un système logiciel à fenêtrage développé dans le cadre du projet Athena au Massachusetts Institute of Technology (MIT) en 1984 avec l'aide de Digital Equipement (DEC). Ce système basé sur un modèle client-serveur, indépendant du matériel, permet le développement d'interfaces graphiques portables. Il offre la possiblité à un programme d'afficher des fenêtres contenant des textes et des graphiques à 2 dimensions sur toute station de travail reconnaissant le protocole X Window sans qu'il ne soit nécessaire de le recompiler ou de faire une nouvelle édition de liens. X Window, transparent à travers un réseau local, fonctionne dans des environnements hétérogènes de gros ordinateurs, stations de travail et ordinateurs personnels.
Voir PEX.

1117 x-axis [abscissa]
abscisse
axe des x

Coordonnée horizontale qui sert à définir la position d'un point :
a) dans un plan avec l'ORDONNÉE, (coordonnée verticale) ;
b) dans un système à 3 dimensions avec l'ordonnée et la COTE.
Voir ORDONNÉE, COTE.

1118 y-axis [ordinate]

ordonnée

Coordonnée verticale qui sert à définir la position d'un point :
a) dans un plan avec l'abscisse (coordonnée horizontale) ;
b) dans un système à 3 dimensions avec l'ABSCISSE et la COTE.
Voir ABSCISSE, COTE.

1119 z-axis

cote
axe de la troisième dimension

Coordonnée qui sert à définir la position d'un point dans un système à trois dimensions avec l'ABSCISSE et l'ORDONNÉE.

1120 z-buffer

Z-buffer
mise en mémoire des valeurs z

Le Z-buffer, développé par Catmull (1975), est l'un des algorithmes les plus simples d'ÉLIMINATION DES PARTIES CACHÉES. Il utilise une mémoire auxiliaire (le z-buffer) au moins égale à la mémoire-image et dans laquelle est stockée, pour chaque PIXEL, la valeur de profondeur (z) du point de l'espace lui correspondant, qui est le plus proche de l'œil. Cet algorithme travaille simultanément dans l'ESPACE-OBJET et dans l'ESPACE-IMAGE. Il requiert une grande mémoire et il ne propose qu'un rendu approximatif des transparences.

1121 Z-buffer algorithm

algorithme du z-buffer
Voir Z-BUFFER.

1122 zoom (to)

focaliser
faire un zoom
zoomer

Effet de la CAMÉRA virtuelle qui permet un changement d'échelle progressif de toute l'image donnant à l'observateur l'impression du rapprochement ou de l'éloignement des ÉLÉMENTs GRAPHIQUEs.

Note. — La variation d'échelle est uniforme dans toutes les directions.
Voir CAMÉRA.

1123 zoom factor

facteur de zoom

Indice qui, dans une scène de synthèse, détermine la grandeur d'un objet graphique.

1124 zoom in (to)

focaliser vers gros plan
zoomer vers gros plan

Effet de la CAMÉRA virtuelle qui permet par une variation de la focale une avancée vers un gros plan dans une scène de synthèse.
Voir CAMÉRA.

1125 zoom out (to)

focaliser vers plan général
zoomer vers plan général

Effet de la CAMÉRA virtuelle qui permet par une variation de la focale un éloignement de la scène.
Voir CAMÉRA.

BIBLIOGRAPHIE

A. DICTIONNAIRES ET ENCYCLOPÉDIES

[1] L. GENEST, *Vocabulaire de l'infographie*, Services linguistiques IBM, Canada, 1987.

[2] R. LATHAM, *The Dictionary of Computer Graphics Technology and Applications*, Spring-Verlag, New York, 1991.

[3] J. VINCE, *Dictionary of Computer Graphics*, Frances Pinter (Publishers), London, 1984.

[4] J. VINCE, *The Language of Computer Graphics — A Dictionary of Terms and Concepts*, Architecture Design and Technology Press, London, 1990.

[5] D. LONGLEY & M. SHAIN, *Mamillan Dictionary of Personal Computing and Communications*, Macmillan Reference Books, London, 1986.

[6] P. MORVAN, *Dictionnaire de l'informatique*, Larousse, Paris, 1989.

[7] IBM, *Terminologie du traitement de l'information — Data Processing Glossary*, Comité du vocabulaire, Compagnie IBM France, Paris, 1987.

[8] *Vocabulaire de la Commission électrotechnique internationale*, IEC.

[9] *Dictionnaire de physique*, Presses universitaires de France, Paris, 1988.

[10] *Dictionnaire des sciences*, Hachette, Paris, 1990.

[11] *Dictionnaire alphabétique et analogique*, Le Grand Robert de la langue française, Le Robert, Paris, 1987.

[12] *Encyclopédie internationale des sciences et techniques*, Les Presses de la Cité, Paris.

[13] *Encyclopédie scientifique et technique*, Lidis, Paris, 1974.

B. OUVRAGES SPÉCIALISÉS EN INFOGRAPHIE

[14] E. ANGEL, *Computer Graphics*, Addison-Wesley Publishing Company, USA, 1990.

[15] M. BRET, *Image de synthèse – Méthodes et algorithmes pour la réalisation d'images numériques*, Dunod, Paris, 1988.

[16] CEA-EDF-INRIA, *La Réalisation des logiciels graphiques interactifs*, Eyrolles, Paris, 1982.

[17] FOLEY, VAN DAM, FEINER, HUGHES, *Computer Graphics: Principles and Practice*, Second Edition, Addison-Wesley, USA, 1990.

[18] Y. GARDAN & M. LUCAS, *Techniques graphiques interactives et CAO*, Hemes, Paris, 1983.

[19] R. HALL, *Illumination and Color in Computer Generated Imagery*, Springer-Verlag, New York, 1989.

[20] D. HEARN and M.P. BAKER, *Computer Graphics*, Prentice-Hall International Editions (PHI), USA, 1986.

[21] M. JOUGUET, *Cours de physique* (tome III) : Ondes et corpuscules — Ecole nationale des ponts et chaussées et Ecole nationale supérieure des télécommunications, Eyrolles, Paris, 1963.

[22] A. KAUFMAN, *Volume Visualization*, IEEE Computer Society Press, Los Alamitos, 1991.

[23] I. KENNETH I. JOY, C.W. GRANT, N.L. MAX and L. HATFIELD, *Tutorial : Computer Graphics : Image Synthesis*, IEEE Computer Society Press, Washington D.C., 1988.

[24] J. LANSDOWN, *Computer graphics*, Teach Yourself Books, London, 1990

[25] T. LIEBLING, H. ROTHLISBERGER, *Infographie et applications*, Masson, Paris, 1988.

[26] M. LOYER, *La CAO, le DAO*, Presses universitaires de France, "Que sais-je ?", Paris, 1991.

[27] R.A. PLASTOCK & G. KALLEY, *Infographie et problèmes — 395 exercises résolus, Série Schaum*, MacGraw-Hill, Paris, 1987.

[28] N. MAGNENAT THALMANN & D. THALMANN, *Computer Animation '91*, Springer-Verlag, Tokyo, 1991.

[29] N. MAGNENAT THALMANN & D. THALMANN, *Image Synthesis — Theory and Practice*, Springer – Verlag, Tokyo, 1987.

[30] N. MAGNENAT THALMANN & D. THALMANN, *New Trends in Computer Graphics Proceedings of CG International '88*, Springer-Verlag, Berlin, 1988.

[31] N. MAGNENAT THALMANN & D. THALMANN, *Computer Animation — Theory and Practice*, Springer-Verlag, Tokyo, 2nd edition, 1990.

[32] N. MAGNENAT THALMANN & D. THALMANN, *Computer Animation '90*, Springer-Verlag, Tokyo, 1990.

[33] N. MAGNENAT THALMANN & D. THALMANN, *Synthetic Actors in Computer-Generated 3-D Films*, Springer-Verlag, Berlin/Heidelberg, 1990.

[34] D.F. ROGERS, *Algorithmes pour l'infographie*, Éditions MacGraw-Hill, Paris, 1988.

[35] P. SCHWEIZER, *Infographie I*, Presses polytechniques romandes, Lausanne, 1987.

[36] P. SCHWEIZER, *Infographie II*, Presses polytechniques romandes, Lausanne, 1987.

[37] J.S. UPSTILL, *The RenderMan Companion — A Programmer's Guide to Realistic Computer Graphics*, Addison-Wesley, USA, 1990.

[38] A. WATT, *Fundamentals of Three-Dimensional Computer Graphics*, Addison Wesley Publishing Company, England, 1989.

[39] G. WOLBERG, *Digital Image Warping*, IEEE Computer Society Press, Los Alamitos, CA, 1990.

[40] J. WOODWARK, *Computing Shape (An Introduction to the Representation of Component and Assembly Geometry for Computer — Aided Engineering)*, Butterworths, England, 1986.

[41] Thèse de doctorat présentée en 1979 à l'Institut national polytechnique de Grenoble par Catherine GARBAY : *Modélisation de la couleur dans le cadre de l'analyse d'images et de son application à la cytologie automatique.*

[42]   Thèse de doctorat présentée en 1981 à l'Institut national polytechnique de Grenoble par Fernando NUNES FERREIRA : *Conception et réalisation d'un système interactif pour la synthèse d'images réalistes : Helios.*

C.   NORMES ET PROJETS DE NORMES

[43]   Iso 2382-13 : *Traitement des données — Vocabulaire*, Partie 13, *Infographie*, édition bilingue Iso.

[44]   Iso 8632-1 : *Information Processing Systems – Computer Graphics — Metafile for the Storage and Transfer of Picture Description Information —* Part 1 : *Functional Specification*, First edition 1987-08-01.

[45]   Iso 7942 : *Systèmes de traitement de l'information – Infographie – Système graphique de base (GKS) — Description fonctionnelle*, 1985.

[46]   Iso 8632 : *Système de traitement de l'information — Infographie, métafichier de stockage et de transfert des informations de description d'images —* Partie 1 : *Description fonctionnelle*, version anglaise, 1987.

[47]   Iso 8661-1 à 3 : *Systèmes de traitement de l'information — Infographie — Système graphique de base (GKS) — Interface language*, version anglaise 1988.

[48]   Iso 8805 : *Systèmes de traitement de l'information — Infographie, système graphique de base pour trois dimensions (GKS – 3D) — description fonctionnelle*, version anglaise 1988.

[49]   Iso 9292 : *Traitement de l'information — Représentation codée de l'image – Partie 1 : Principes de codage pour la représentation d'image dans un environnement codé 7 à 8 éléments*, version anglaise 1988.

[50]   Iso/IEC TR 9973 : *Traitement de l'information — Procédures pour l'enregistrement des items graphiques*, version anglaise 1988.

[51]   Iso/ANSI – DIS 9592-4 – *Lumière and Surfaces, PHIGS PLUS —* Part 4 : *Programmer's Hierarchical Interactive Graphics System.*

[52]   Iso, *Recueil de normes ISO 12 — Dessins techniques*, 1982.

[53]   Iso, *Standards handbook ISO 12 — Technical drawings*, 1982.

[54]   Iso, *Recueil de normes ISO 17 — Cinématographie*, 1984.

[55]   Iso, *Standards handbood ISO 17 — Cinematography*, 1984.

[56]   AFNOR – NF EN 27942 – *Système de traitement de l'information — Infographie, Système graphique de base (GKS) — Description fonctionnelle*, 1986.

Sigles et Acronymes

INDEX FRANÇAIS

252

D

E

M

N

T

X

Z

Imprimé en France. - JOUVE, 18, rue Saint-Denis, 75001 PARIS

N° 204592G Dépôt légal : Août 1992

N° d'éditeur : 5474